大夏书系·吴正宪教育教学文丛

跟吴正宪学当老师

李兰瑛 宋燕晖 等 编著

华东师范大学出版社
ECNUP 全国百佳图书出版单位
·上海·

图书在版编目（CIP）数据

跟吴正宪学当老师/李兰瑛等编著.—上海：华东师范大学出版社，2018

ISBN 978－7－5675－7793－0

Ⅰ.①跟 ... Ⅱ.①李 ... Ⅲ.①小学数学课—教学研究—文集 Ⅳ.① G623.502-53

中国版本图书馆 CIP 数据核字（2018）第 102537 号

大夏书系·吴正宪教育教学文丛

跟吴正宪学当老师

编 著	李兰瑛　宋燕晖　等
责任编辑	任红瑚
封面设计	百丰艺术

出版发行	华东师范大学出版社
社　址	上海市中山北路 3663 号　邮编　200062
网　址	www.ecnupress.com.cn
电　话	021－60821666　行政传真　021－62572105
客服电话	021－62865537
邮购电话	021－62869887　地址　上海市中山北路 3663 号华东师范大学校内先锋路口
网　店	http：//hdsdcbs.tmall.com

印刷者	北京季蜂印刷有限公司
开　本	700×1000　16 开
插　页	1
印　张	12.75
字　数	165 千字
版　次	2018 年 6 月第一版
印　次	2022 年 2 月第五次
印　数	16 101 - 19 100
书　号	ISBN 978－7－5675－7793－0/G·11162
定　价	39.80 元

出版人	王焰

（如发现本版图书有印订质量问题，请寄回本社市场部调换或电话 021－62865537 联系）

目　录
contents

第二辑 做人·做事

序言1　她是一位"四好老师"

2014年教师节前夕，习近平总书记与北京师范大学师生座谈时提出好老师的四个标准，即要"有理想信念、有道德情操、有扎实学识、有仁爱之心"。怎样做到这四个方面？那就请看《跟吴正宪学当老师》和《跟吴正宪学教数学》。

吴正宪是北京市数学特级教师。不仅北京的小学老师都知道她，全国的小学老师中也有许多她的崇拜者。她之所以有这样的知名度，就是因为她完全符合"四好老师"的要求。

吴正宪热爱孩子，热爱教育事业。她把自己的生命融入小学数学教育。她认为，教师既有付出，也有收获。收获的是孩子们的真诚与渴望，是儿童成长的愉悦，是人生价值的实现。这种对教师的认识是成为好老师的最重要的基础。

教育既是科学又是艺术。教育是科学，就要有扎实的学识。吴正宪不仅具有扎实的数学功底，而且具有广阔的视野，在几十年的数学教育生涯中建立了儿童数学教育理论体系。教育是艺术，要善于创造性地把知识传授给学生。吴正宪的儿童数学教育理论体系就包含了儿童数学教育思想和教学艺术实践两个方面的内容，而教学艺术实践体现了她的教学风格。

吴正宪认为，进行儿童数学教育，首先要了解儿童。儿童是独立的自由主体，是活生生的人，是在发展成长中的人，因此要充分发挥儿童的积极性、主动性。这也是我一直主张的，学生是教育的主体，教师的主导作用就在于启发学生的主体性思想。

教育是艺术，优秀教师必然有自己的教育风格。吴正宪的教育风格大家可以在本书中体会到，我不敢贸然概括。我听过她的公开课，我的感觉是，她的教学明快流畅、紧扣主题、启迪思维、步步深入、引人入胜。

《跟吴正宪学当老师》和《跟吴正宪学教数学》，是她的弟子，一批年轻教师记录的吴正宪老师教书育人、做人做事等方面的故事，以及他们的感悟。书中没有理论的说教，而是透过一个个鲜活的故事，讲述吴正宪老师的教育思想和教育艺术；透过一个个生动的案例，讲述吴正宪老师怎样手把手地引领年轻教师的成长。这两本书内容丰富，故事性强，具有可读性，我相信读者通过阅读可以更深入地体会到一位好老师的精神实质和她的教育智慧，而且会得到某种启迪，从而提高自己的教育品位。

2018 年 4 月 2 日

序言2 一个有故事的教育家

吴正宪老师是一个有故事的教育家，故事就发生在她坚守了四十余年的课堂教学实践中，故事就发生在和她朝夕相处的学生、老师们中间。工作在吴正宪身边的北京小学数学团队的老师们，将自己经历过的、观察到的、感受到的，记录下来汇编成了《跟吴正宪学当老师》《跟吴正宪学教数学》。书中一个个小故事和教学案例，让我们看到了吴正宪老师不平凡的教育人生，同时也看到一支优秀的北京小学数学教师团队在吴正宪的影响和带领下如何成长为优秀教师的历程。我想这会为当前大家关注的教师专业发展带来许多思考与借鉴。

吴正宪从教四十余年，她教过语文、数学，做了二十多年的班主任，深受孩子们的喜爱，家长的尊重与认可。她践行的"儿童数学教育"，永远把儿童放在心上，从儿童的视角、站在儿童的立场思考问题，倾听儿童的声音，唤起儿童的兴趣和自信，帮助儿童学会交流与表达，引导儿童学会操作和探究，培养儿童学会"数学"地思考。

儿童教育的核心就是爱和尊重，没有爱就没有教育。而理解与读懂儿童正是"爱与尊重"的体现。吴正宪善于走进儿童的内心世界，用童心去感悟童心。她尊重儿童的人格，有教无类；尊重儿童的个性，因材施教；尊重儿童成长的权利，满足他们的发展需求。她成为儿童最重要的朋友，儿童学习的引路人。我认为真正读懂每一个儿童并不容易，真正发自内心地尊重每一个儿童更不容易，吴正宪以对儿童和数学的热爱，创造了儿童喜爱的数学课堂。吴正宪努力唤起基层教师对科学知识、实践技能和美好价值观的追求，从中收获教师的职业幸福感。因此，我们要像吴正宪那样以高尚的人格、仁爱之心、强烈的责任感、广博的知识引领儿童学会学习，实现发展；在教学教育过程中人道地对待每个儿童，自始至终充满温情，努力唤醒儿童内在的良好愿望，促进儿童的可持续发展。

吴正宪老师始终行走在儿童教育研究的道路上，把探索教育教学规律作为自己神圣的使命。自觉的学习、研究、反思、实践是吴正宪工作的根基。她能够以"儿童学习理论""儿童学习数学理论""儿童课堂教学理论"为依据，在课堂实践中努力探索，逐步形成了自身的儿童数学教育特色。教师们和她的每一个课堂故事，都体现出她深厚的专业素养及教育智慧。

吴正宪老师始终行走在教师教育研究的道路上，把带起一支优秀的教师队伍当成自己的重要责任。她引领教师扎根课堂，潜心研究，历练成长；她引领教师对"儿童数学教育思想"进行系统梳理、理论建构和实践应用，完善儿童数学教育思想的理论体系和实践策略，提升数学课堂教学质量；她积极开展基于教学实际问题设计及问题解决的互动式自主研修，将教师个体的经验、研究、思考，通过专家引领、同伴交流、互为资源、共同分享，从而提升教师的研究品质和执教能力，促进整个教师群体专业能力的提升。

吴正宪是一位乐于助人、有思考又负责任的小学数学教师队伍的引路人。她以先进的数学教育理念，深厚的教学功底，以及独具特色的教学风格，影响着周边的老师们。在她的悉心指导下，一支热爱教育事业、教育理念先进、教学水平精湛的北京小学数学教师团队成长起来。"爱儿童、善教学、会研究、守规律"成为团队的共同努力方向。

吴正宪常说"做好老师先得做好人"。书中《小土豆的故事》《我不想让您把我那一笔擦掉》《失败一样有意义》等故事让我们感受到她对人的友善与真情，感受到她独具特色的教育智慧。作为教师，她爱岗敬业，勤奋工作，德艺双馨，深得孩子和老师们的信任与喜爱。作为社会人，她光明磊落，乐于助人，以宽容之心友善待人，获得社会的认可与尊重。她全身心地投入教育事业，在追求高质量事业的同时，也在用心、用情关爱着身边的每个人。

吴正宪真心地热爱教育事业，有自己独到的教育理念，能够全面把握学科知识，会反思、会研究。作为一位教育家，她用行动努力践行了党和国家的期待——"师德的楷模，育人的模范，教学的专家"。

2018 年 4 月 12 日

序言3　我的挚友——正宪

　　我与正宪交往三十余年，是名副其实的"忘年交"。前几日，正宪让我给工作站的成员们即将出版的这套书写几句话，作为序或前言。不管是什么吧，我知道，她轻易是不打扰我的。既然这时候要我写几句话，第六感觉告诉我——这是必须的。于是，我就欣然答应了。

　　提起正宪，人们立刻就把一连串的称谓、称号和她联系在一起。这么多年，她得到了各个层面的专家、教师、有识之士的赞美与褒奖。作为她的挚友，我真切地感受到：无论是赞美之词，还是鲜花荣誉，这一切的一切都不为过！而今，我又重温往日的点点滴滴，精心品读她的创作与执著，即使用尽了美好的言语去夸赞她，依然觉得比起真实的她、感性的她，再华丽的辞藻也是那么的苍白。

　　从答应写序开始，我的脑海中不知不觉地翻滚起思维的浪花，时而轻快荡漾，时而汹涌澎湃；心情也是随之时而轻松愉悦，时而暗自伤感。正宪是个纯粹的"师者"，一路走来，历经纷纷繁繁，看似平静，但是在这份平静之下，却又有着难以想象的坚韧与执著。蓦然，我格外地理解了鲁迅先生说的那句话："希望本是无所谓有，无所谓无的。这正如地上的路；其实地上本没有路，走的人多了，也便成了路。"从"无"到"有"，不仅是创新、创造，更是修炼的过程。正宪这几十年就是这样一步步往前走出一条路，创出一条路。除了学生，她心无旁骛，她走出的这条路是任何人无法复制的。让我庆幸和忧虑的就是，正宪只有一个，她独一无二！

　　四十余年的执著求索，尽管太多的无奈写在她的眼中，尽管太多的精力洒在她的昨天，但最终能留下的都是美好的回忆。她的精神给人以指引，给人以力量！

序言3

5

1. 剔透初心，宁静致远

"要敢于吃别人不愿吃的苦头，要乐于花别人不愿意花的时间，要敢于下别人不愿下的苦功。"这是正宪对自己的鞭策与激励。正宪一路走来，靠的是刻苦？不，不完全是！靠的是激情？不，不完全是！靠的是拼搏？不，不完全是！

1980 年代初，记得那时正宪的家在东城，孩子刚刚两岁多，但是她每天早早地赶到朝阳区我所工作的学校，听我上每天的第一节数学课。听完课，我们简单地交流几句，她就匆忙地赶回当时的崇文区，回到自己的学校给学生上课。就这样寒来暑往，雨雪风霜，从未停止过。听课的日子，她甚至没有晚到过一次！后来，听我课的人越来越多了，正宪时常守在窗外听课。时至今日，教室窗边她那张青涩、白皙的面庞和聚精会神听课的神态，我依然历历在目。

时间似潺潺溪水，温婉地带走光阴的故事，荡涤心中的浮躁。岁月让正宪从一个柔弱的小姑娘成长为一位历经风霜的教学名家。很多人恭敬地称呼她专家，导师，不，我们还是尊重她的选择吧，她无论何时何地都是一位孩子喜欢的教师。

正宪长大了，她说："我再也不是那个只管'传道、授业、解惑'的'平面教师'，而是一个充满情和爱，不仅给他们智慧还能给予他们力量的'立体教师'。"她耕耘在三尺讲台，犹如天使般呵护着每个学生。看到她在教育的田野里奔跑的身影，听到她在教育的田野里欢快的笑声，我感受到了她那份永恒的青春与淳朴，我理解她的辛苦与幸福。

正宪本有很多机会离开清苦的教育行业，去做主任或做区级领导。可她连想都不想一下，始终选择静下心来当教师，当孩子的朋友。她对学生的爱是神圣的，是真诚的。她尊重孩子、关心孩子，孩子融入了她的生命里，她也走进了孩子们的心灵中。在她的课堂上，每位学生都是那么兴奋，都有说不完的话。下课了，孩子们总是意犹未尽，课下想方设法找吴老师汇报交流。

2. 师法自然，大道至简

正宪常说："脚踏实地、厚积薄发、善于学习、重视积累、贵在坚持，在教育教学之改革之路上绝无捷径可走。"教育的过程，是一个生长的过程，正宪的数学理念是，让儿童在"好吃"中享受"有营养"的数学学习。她要培养学生的创新精神，唤起学生的创新意识，使学生想创造；她要培养学生的创造精神，使学生敢创造；她要提高学生的创新能力，使学生会创造；她要使学生体验创新快乐，使学生爱创造。"一花一世界"，每个孩子都是鲜活的个体，独有自己的本真。为此，她不断地实践探索，走进每个孩子的心灵。她给予孩子们智慧的同时还赋予他们力量与方向。这是面向"全人"的教育，是"师者"最高尚的生命价值。

不经历风雨，何以见彩虹？她也曾哭过、笑过，她也曾呐喊、彷徨，但是，她从没有停止过对事业的追求。她成功了！她的志向更高远了，她要更多的老师像她那样唤醒更多的孩子。正宪带动万名老师提升，开展送课下乡活动，提供菜单式服务，创造"1+10+n"的教师研修机制。她引领团队从"学术"走向"悟道"，用纯净的心做教育的事，把专业的服务送给最需要的人。她授课的足迹，遍布大江南北，发达的城市、偏远的村寨，她都播撒了汗水、智慧与无疆之"大爱"，她让所有的老师都自信地抬起头来，享受高品位的职业幸福。

我含着泪水品读《跟吴正宪学当老师》《跟吴正宪学教数学》，几度因不忍而欲释卷作罢，而对教育和正宪的那份牵挂又让我欲罢不能。同伴们笔下流淌的文字是朴素的，是真诚的，是动人的，是滚烫的！这是献给正宪的宝贵礼物，也是献给教师的宝贵礼物。

在与正宪同行的岁月里，因为她真诚地和大家一起冥思苦想、潜心研究，一起走进学生心里，一起哭、一起笑、一起享受其中的苦辣酸甜……一次次的打磨，一次次的研讨，一次次的较量，智慧的火花四溅，真挚的激情四射，老师们有了力量，心中有了底，老师们在成长……正宪是大家的战友、兄弟、导师，她以赤诚之心、真挚之情，滋润着老师们。在同行的道路上，她关心着、照顾着每位老师，一批批优秀老师在正宪的带领下迅速成长。她告诉青年老师，优秀老师是摔打出来的，我们可以失败，可以后悔，可以重新再来，我们唯一不可以的就是"放弃"！为了理想努力拼搏，心在远方而路在脚下。

岁月可以改变普通的人，但是也有人可以改变、创造岁月，正宪就是这样的人。她几十年的奋斗，诠释着教育改革的华彩乐章；她精彩的教育生涯，谱写着 20 世纪中国教育的最强音；她无私无畏地耕耘，在几代人中播下为教育奋斗的种子。

　　最后，我想借用王国维的话来给我的这篇杂感作收尾："古今之成大事业者、大学问者，必经过三种之境界：'昨夜西风凋碧树，独上高楼，望尽天涯路。'此第一境也。'衣带渐宽终不悔，为伊消得人憔悴。'此第二境也。'众里寻他千百度，蓦然回首，那人却在灯火阑珊处。'此第三境也。"

　　灯火阑珊处，正宪那清秀的笑脸越发清晰……

马芯兰

2018 年 4 月 2 日

前　言

　　记得在"北京市人民教师奖"颁奖时，我说："教师工作是我生命中的重要经历，我在年复一年、日复一日地付出、奉献，我也在年复一年、日复一日地收获。我收获了孩子们的那份真诚与渴望；收获了老师们的那份热情与期待；收获了社会的认可与尊重；同时，我也获取了自身成长道路上的成功和快乐；实现了个人生命价值与教师职业生命价值的和谐统一。"这是我40多年教师生涯的写照，一路走来我享受做教师的快乐，品味着做教师的幸福，我也特别想把自己做教师的幸福告诉年轻朋友们，与大家共勉。

　　教师是有高尚师德的人。"做人、做学问、做教师"，做教师要先做人，做好人。教师要具有"正直、善良、真诚、谦逊、平和"的人格魅力，要懂得如何在坚定与豁达中享受教育带给自己的幸福与快乐，在简单与朴素中享受作为一名教师的宁静与追求。做一名优秀的教师，首先要学会做人。只有人格高尚的人，业务精湛的人，才能成为优秀的教师。

　　教师是富有爱心的人。教师应该是儿童一生中的重要朋友，要尊重、理解、善待、帮助儿童。教师应该是儿童学习的引导人，要以教学智慧、广博的知识、强烈的社会责任感、高尚的人格引领学生学会学习、快乐成长。所以我认为作为一名教师要心中有大爱——爱教育、爱孩子、爱学科，只有心中有爱，我们的心与孩子的心相通，我们才能读懂他们的需求，才能给予他们需要的尊重，才能点燃他们内心的希望……也只有爱，才能使孩子们把我们视为真诚的朋友。所以说大爱无疆，教育是付出爱也是收获爱的事业。

　　教师是不断成长的人。做一名好老师首先应当是一名终身学习者，不仅要向名师学习，还要向同事学习，向年轻人学习，甚至向学生学习。同时，一

位教师的成长史也是一位教师的阅读史，教师要把专业书籍的内容，不断地运用于教育教学实践，不断地进行反思，从而不断地成长，不断给予学生新鲜的、有生命力的知识和感受。

教师是具有幸福能力的人。学生学习的根本目是获得幸福。在数学学习过程中不仅要使学生获得幸福的体验，而且还要培养学生高尚的情趣和感受幸福的能力，要使学生获得幸福的学习体验，教师首先要提高自己享受幸福的能力，教师要有一双善于发现的眼睛，带领学生享受生活的美好。

回望自己四十余年的教学历程，我清晰地记得和孩子们手拉手，一道说着、笑着走过的风风雨雨。记忆的深处涌动着孩子们的张张笑脸，涌动着我和孩子们之间的感人故事。我清晰地记得和老师们肩并肩，一路探索、研究走过的坎坎坷坷。一支具有"高专业品格、高专业技能、高合作精神"的小学数学教师队伍正在幸福、快乐地成长。想到这些，一句话在心中流淌：当教师真幸福！愿所有的老师们都能享受做教师的快乐，做幸福的教师！

吴正宪

2018 年 5 月

第一辑

教书·育人

学会学习是终身的习惯，教师引领学生学习，自己却并未丧失作为学生的资格。课堂是学习的殿堂，学生在此发掘知识的宝藏，教师即使已经站在了讲台上，也随时都有机会向名师学习、向同事学习、向学生学习。

就像学生学习时会遇到困难一样，教师在提升教学水平的道路上也会遭遇瓶颈、心怀烦恼。在本辑里，在不同的年级、不同的场合，执教不同的课程的教师们，遇到了不同的问题，感受到了相同的焦急与困扰。所幸，他们都有吴正宪老师在身旁。

吴老师和他们进行教学上的探讨，讨论教学难题的解法，分析学生们的兴趣和需求，探究数学教学的本质，观点碰撞，思想交融，脑力激荡。在吴老师热情又深刻的话语里，我们发现学生与老师的界限并没有那么明确。谁都可以照亮别人，谁都可以吸收光芒。

埋下一颗种子

"千举，你思考过《方程的意义》的教学吗？"一次教研活动遇到吴老师，她又问起我这似曾相识的问题。

"吴老师，我还真没认真想过，我没上过这节课。"

吴老师似乎早已知道答案，紧接着说："没关系，你想着这事，这是小学阶段对数学认识的一个重要的节点，我们如何埋下这颗种子，为日后的开花结果做奠基？过段时间，我们一起探讨探讨啊。"

这次与吴老师交流后，我的心久久不能平静。我很幸运，几年前成为吴老师工作站的首批进站成员。我对吴老师的印象，是每次见面时她热情的问候交流，

第一辑

教书·育人

以及向别人介绍我时对我授课的不吝夸奖。印象最深的还是吴老师经常问我的一句话："千举，你是不是上过 ×× 课？"因为我们团队经常有"同课异构"活动，我总是单纯地以为吴老师记错了，所以总是简单地回答"没有"。可是，我怎么没有仔细想想，吴老师为什么时常问我这个问题呢？

直到这次，吴老师向我询问起《方程的意义》一课，我在回答了"没有"后，心情越发不平静，特别是吴老师最后补充的"没上过也没关系，没思考过也没关系，那么现在就开始思考研究啊……"这是多么难得的机会呀！我虽然没上过，但我可以现在开始着手准备，备课过程中可以请教吴老师，这不就是一次和吴老师一起备课的机会和经历吗？与吴老师一起研究是快乐而有所收获的事情。

晚上，我给吴老师打了电话。

"吴老师，您说的《方程的意义》一课，我很感兴趣！我想努力试试！"

"千举，真好！我相信你，你一定行。你先思考，我也思考，有什么好的想法咱们再碰。"

"没问题，吴老师！谢谢您关注我。"

"千举，接到你这个电话，我真高兴。一个人就要善于研究，敢于尝试各种不同类型的课。你是个爱学习的好老师，我相信你一定行！"

这就是我和吴老师共同研究《方程的意义》一课的源起，至今仍记忆犹新，这是我在从教道路上学习备课的重要经历，也是我最难忘的经历。

回想自己的备课经历，我在不同的阶段，遇到了不同的困惑。最初对知识的学科性把握不到位，同时也把握不住学生；之后，进步了，似乎能把握住学生，但课堂只剩下干巴巴的学科知识；再后来，我认识到学生是课堂的重要组成部分，开始重视激发他们的兴趣，却走入了经常被学生带偏的误区……现在，似乎在学科知识和学生的把握上有了更多进步，但经常还是在这个问题上徘徊。

吴老师的数学课很关注数学学习和儿童认知规律的结合。我想这次备课我也要抓住这点。我先是阅读了不同版本的教材，了解它们在《方程的意义》编排上的共同特点和区别；之后又搜集了以往的一些相关教学案例，在关注它们优点的同时，寻找我认为解决得还不够充分的问题。经过学习、思考，我心中的问题越发鲜明——方程到底是什么？它仅仅是小学课本中的定义吗？这节课只是让学生从表面上来辨认方程吗？我该如何帮助小学生在从算术思维走向代数思维时，埋下这颗能发芽的"种子"，为学生代数思想的形成打好基础？带着这些问题，我开始查阅相关理论书籍对方程的解释。我想，如果教学前能够把眼光放得更远一些，传递给学生的东西会更多。在进一步的学习过程中，我同时也有目的地对学生进行了一些前测，从中也受到了一些启发。我对方程开始有了更多认识：方程的本质是等量关系；方程是一种新的解决问题的方法；方程是小学生正式接触代数思想的开始……

带着这些思考，我和吴老师交流、讨论。吴老师的肯定和建议让我受益匪浅。下面是在完成这节课的过程中我和吴老师共同经历的小故事。

做一个让学生可以亲手动一动的"天平"

在教学设计的初期，吴老师首先与我讨论了"方程"教学的价值，确定了教学目标和重点——要帮助学生在理解"方程"意义的过程中，培养代数思维，同时，我们还细致分析了学生认识"方程"的过程中可能出现的困惑和问题。吴老师特别强调有了好的理念，还要选择好的学习素材、工具、教学方法等。吴老师建议我在教学工具上做点文章，为学生制作一个自己能亲手动一动的天平。她认为，工具的有效使用可以改变学生的学习方式，加深对概念的理解。我努力去做了，在使用的过程中效果很好。

后来，吴老师又提出了新的要求："天平做得不错，能不能使用更得充分些，真正体现它的价值？"这样就有了我在教学中从显性的天平教具到引导学生在心中形成隐形的天平的想法。在课堂上的讨论中，学生纷纷"调"出自己心中的天平，脑想、手动、口说，用想象中的天平测量两边相等的物品，体会方程的意义与特点。那是我第一次因这个天平而兴奋，因为这个处理对方程的教学真的起到了突破性的作用。正如听课老师所说的："陈老师，你们怎么会想到做一个这样的天平教具？真的很有利于学生对方程本质的理解，很好地帮学生建立了等量关系。"

在与吴老师继续探讨后，我再次实践。

老师从黑板上取下那个大大的天平："同学们，天平对于我们认识方程的确很有帮助，现在看不到天平了，你们心中还有天平吗？"

"有！"学生们七嘴八舌地答道，语气自信，似乎想证明些什么。

"哦，天平在哪里？"

"在我们的脑子里。"

"在我们的心里。"学生们纷纷说着。

"那就带着你们心中的天平继续下面的学习！"

……

此次《方程的意义》教学，令我很兴奋。吴老师对我的指导依然历历在目。从教学目标的确定到教学过程的设计，从教材的讨论到学生学习特点的讨论，从问题的抛出到板书的设计，从对课堂可能生成的预设到学生学习的评价，我们不断交流讨论，相互启发，我收获满满。

"千举，你的《方程的意义》上得很好，你再看看我上的这节课，或许还有不同的感觉。我在处理上有些变化。入课同样是用天平引入的，但我请学生自己动手称一称，并用数学的表达方式记录'称'的过程。你看黑板上逐渐出现了乱糟糟的、不同的各种算式。我又一次把'球'抛给了学生，'面对乱糟糟的算式，你们打算怎么办？'学生又一次被点燃，主动将'乱糟糟'的算式分成了'等式'与'不等式'两类，为揭示'方程'的概念奠定了基础。特别是，当我把黑板上看得见，摸得着的'天平'藏起来后，又一个问题出现了，'你心中的天平在哪儿？'学生想象着、思考着，一个个'小天平'油然而生。学生在熟悉的、具体的生活情境中寻找着两个数量的相等关系，并尝试着把它们放在'天平'上称一称。一个个'小天平'在此时的作用不可低估，'小教具'真是功不可没……"我感觉到了吴老师享受着课堂中她与学生们的默契，之后我努力去尝试了，最终我也体会到了成功的喜悦。

这个"天平"对我来说意义非凡。吴老师的课从不缺乏对学生的理解和对学科的把握，她太懂孩子了！我们以往的方程教学也经常从天平引入，大多数教材也是这样编排的。我们见到过老师全心投入、费尽心思，做出精美的课件来展示天平在教学中的作用，有时甚至请出真的天平。但我们也会发现，精美的课件往往展示了天平的某一静态画面，而真的天平动起来了，可它的"动而不易停""有指针却不易见"，也会削弱学生对"等"与"不等"的观察，淡化了天平的作用。如果用心观察吴老师的课堂，她的教学手段是现代化的，但又是传统的。我们总能在她的课堂中看到丰富而恰当的教具、学具。学生很容易被这些具体的学习材料所吸引，轻松解读数学。他们甚至经常成为这些教学工具的主人，成功逾越认知困难。

吴老师的"天平"建议深深触动了我。现在的教学中，信息技术的使用已经趋于科学合理，但我们是否关注过传统教具、学具的价值和应用呢？特别是年轻的老师，他们似乎从一入职就忽视了教学中这种有着相当长生命力的重要元素。

其实，仔细观察吴老师等名师的课堂，我们会发现，为了学生更好地学习，他们经常创造出经典的学具。近些年，一些经典的课堂教学，其中传统教学的画龙点睛的手段给我们留下深刻印象。我想，不是我们做不到，而是我们没有意识到、没有理解；如果我们学会像吴老师那样去理解教材，去关注学生，我们的教学方式和手段会更加丰富，更加智慧，学生也会有更多收获。

"方程"就是讲故事

"同学们，刚刚我们认识了方程。想一想，我们得到的这些方程是不是都来自我们生活当中各种各样的事情？"

"是。"

"那 $20+x=100$ 这个方程，能表示生活当中的事情吗？"

"能！"

"那你能赋予这个方程一些生活的意义吗？"

我先让学生们独立思考，他们的眼神很是专注；当允许他们互相交流时，我发现他们七嘴八舌地讨论，很积极、很兴奋。

"一个班有 100 人，有 20 个男生，女生有多少人？"

"有 100 个馒头，陈老师吃了 20 个，还剩多少个？"

"有 20 个黑鸡蛋，黑鸡蛋和白鸡蛋共 100 个，白鸡蛋多少个？"

学生们一阵大笑，我也笑了："黑鸡蛋都出来了？不过可以列出这个方程吗？"

同学们面带笑容，异口同声地说："能。"

"很好！看来，现在我们发现生活中很多事情都能用方程来表示，而一个方程又能让我们联想到这么多生活中的故事。你们觉得方程怎么样？"

"很好玩！"

第一辑

教书·育人

"生活中到处有方程！"

"那我们一起找找。"

之后我随意地请上了一位同学，我们两个并排站在一起，"你们说生活中到处有方程，那我们俩往这儿一站，有方程吗？"我话语中带着些许"挑衅"。

"有！"同学们还真自信，而且不一会儿举手的人越来越多了。从他们的笑容里我看出胜利的喜悦。

"同学的身高再补上和您相差的那部分不就等于您的身高了吗？"

"你们的体重也可以列出方程。"

"陈老师，您刚才说您 34 岁了，那 $10+x=34$。"

我感慨学生出色的表现，更感慨学生在课堂中愉悦的状态，这种感觉真的让作为教师的我有着说不出的欣喜，而且我越是幸福，对吴老师的那股佩服之情就越向外涌——"让学生在讲故事中认识方程，亲近方程，喜欢上方程，让'过程'更加平易近人。"吴老师的建议让我体验到了成功的喜悦。

"千举，怎样让学生体会方程的应用价值，让方程更加贴近学生，体会方程就在我们身边？"在备课过程中吴老师曾经问过我这个问题。她开了个玩笑："我们要让方程平易近'生'，在学习中能不能试着让学生自己讲一讲方程的故事呢，方程讲述的不就是两个相等量的故事吗？"对吴老师给出的建议，我曾经很是疑惑——方程的学习是学生的难点，它那么抽象，第一节课就让学生讲故事，能行吗？吴老师说的时候那么自信，那么轻松，可是学生们行吗？我行吗？我好像从来没让学生们给数学讲过故事呢！

我努力思考并在教学中进行了尝试。出乎意料，居然就有了上面学生们的表现，方程不难了，而且他们学得那么投入、兴奋……课后，吴老师又充满激情地肯定我："千举，让学生讲方程故事安排得真好！看，学生们多会思考呀！我越发坚信——在学生心中'方程'就是故事！"

我又一次得到了吴老师的肯定，和吴老师在一起，总能不断获得成就感。

"方程就是讲故事！"这个建议让我收获很多。但吴老师为什么会这么设计呢？她怎么总能想到既符合学生认知需要，又满足学生情感需要的教学点子呢？

"听了陈老师的课，让我感受到一节好课不但要知道怎么'来'，还要知道怎么'回'。现在很多课就是缺失了'回'。"这是一位老师对我这节课的评价。我在头脑中努力搜索着和吴老师有关的课堂，"给分数讲故事""给数学算式赋予生活意义""让数学更加平易近人"……吴老师不管是在自己的课堂，还是在给年轻教师的教学建议中经常提到，当学生们认识、接受数学概念时，不妨让学生带着这些数学走向生活。她也多次强调："孩子们对数学认知的过程与数学知识自身发展的过程如此契合。"

在教学新的数学概念时，我们常常会努力找到与之相关的生活支撑，以便从学生们熟悉的情境引入，通过适量的生活素材，引导学生慢慢抽象出数学概念；之后我们通常会认为任务完成了，可以进入抽象数学的练习巩固环节。我们总认为，小学生的数学学习通常就是从生活到数学的抽象、概括过程，这也体现了"数学化"的过程。但我开始意识到，数学作为一门工具性学科，它不但是人们将生活抽象化的过程，更应让初识它的小学生意识到它的价值，即数学可以应用于生活。当他们能够轻松接受这个数学概念后，又能够很好地把数学概念还原回他的生活时，这才是真正理解了概念。吴老师的儿童数学观不就是让孩子们从生活到数学，最终再到生活吗？这是个更完整、更儿童视角的数学学习过程。

由此，我开始意识到很多数学概念的建立都是个建模的过程，方程也不例外。我们学习用数学来解释世界，来解决问题，数学在这个过程中体现出它的高度抽象概括性。一个数、一个式子、一个字母，甚至一个方程……它们的背后承载了太多的现实意义，数学模型是如此的强大，这种模型的思想必须深入我们数学教师的思想，这样我们才有可能像吴老师那样轻松地把它带给我们的孩子！

这次和吴老师共同备课的经历，让我更近距离地感受了吴老师的儿童观、数学教育观。在这之前，我对教学的认识可以形容为是物理层面的——知识由教师通过课堂传递给学生，它似乎更多的是个复制的过程；现在，我感受到了教学的化学效应——知识、教师和学生，它们在这个过程中还有个非常重要的催化剂——教育情怀；当它们调和到一起，所带来的是知识的膨胀、情感的扩散，这也正是教育所追求的——促使学习者自我学习的力量。

有了这次的经历，我对备课又有了新的理解。备课，备什么？我认为，第一，备学科知识。作为学科教师，一定要搞清楚一节课的学科内容。这就要求我们仔细研读教材、教参，甚至是不同版本的教材，以便尽可能科学准确地把握学科内容。第二，备学科内容背后的思想方法。这是更高位的。如果把学科内容的教学比作"技"的话，那其背后的思想方法便是"道"。较为深刻地理解、挖掘学科知识背后的思想方法，并且带着这种思想方法展开学科教学，课堂将是更加厚重的，而且教学带给学生的影响也将是更加深远的。当然，这就需要我们多阅读一些教材之外的文献内容，这是我们一线教师所欠缺的。第三，备学生。把备学生放在第三，并不是说它没有前两项重要，我恰恰认为它非常重要。因为我们备每一项内容的目的都是为了更好地服务于学生。和吴老师一起备课的经历让我深刻牢记一点——小学数学课堂一定是充满儿童气息的课堂，我们的数学教学一定是儿童化的数学教育。为此，我们要学会科学调研，了解学生在该学习内容上的起点、兴趣、困难等，另外，学生的心理特点及情感需求也是我们重要的备课内容。有了这样的意识及准备，我们的课堂才有可能活起来，热起来！第四，备教学方法。从吴老师的"做一个学生能动的天平"，再到"方程就是讲故事"可以看出，当我们前面几项备得很充分的时候，我们的教学会更加科学、灵活，我们会想到更好的教学方法及手段。这种教学方法和手段能够恰到好处地在学科知识（思想方法）与学生之间架设起坚实的桥梁。这样儿时埋下的"数学种子"，才能在适合的时节里开花、结果，这样的儿童数学学习才能"好吃又有营养。"

（北京市海淀区中关村第一小学　陈千举）

感悟：小学生的学习过程是一个充满情感参与的过程，教学设计时要充分考虑如何激发学生的兴趣，让孩子们以积极的情感参与到学习中来；同时，还要深刻把握数学学科的本质，融入教学内容背后的学科思想，恰到好处地运用相应的教学方法。这样，从一节课到一类课乃至整个小学数学教学才能表现出自由、灵动、深刻，才能迸发出教学的生命活力，才能为学生埋下一颗发展的种子。

吴老师教我"克服心理紧张"

上研究课，很多老师都会有些紧张。一紧张，不单是语气，就连眼神和表情也都不自然了，而且老师的紧张还会传染给学生，使学生不敢举手发言，或者发言胆怯，缩手缩脚。这种紧张的状况会让课堂变得不平顺，就像小轿车行驶在鹅卵石的路面上一样。我就是这样一位容易紧张的老师，虽然工作十几年了，面对陌生的环境和听课老师，仍然很紧张。

一次"手拉手"送教活动的间歇，我对吴老师说出了一直困扰我的问题："吴老师，我怎么一上课就紧张——只要有人听课，尤其是换个地方上课？"她边听边朝我微笑着。"真的，我一直这样，深呼吸对我都没用……"我无奈地补充着。

听我这样说，吴老师似乎被触动了："来田，都工作这么多年了，还紧张？哈哈，这样，晚上咱们电话联系，好不好？"来不及多说，她已走向讲台，继续进行后面的研讨环节了。

晚上，吴老师在电话里，耐心细致地给我作了指导。

她说：与其说是你面对听课人或者听课的环境而紧张，不如说是你因为想把课上好而担心。这种担心带来的紧张其实很正常，因为它源自你对教学的追求，对工作的负责。紧张的问题处理不好，的确会影响教学效果。不过没关系，这种紧张绝对可以消除。

"我给你两条建议。"吴老师在给我分析了紧张的原因之后，给我支了招。

"其实很简单。第一，你上课之前，先和学生聊聊'闲篇儿'；第二，你再

11

聊一个和课堂有关的话题，使课堂教学在看似无意的聊天之后能顺势开始。这可以叫课前暖场，运用得好，往往可以成为课堂展开的铺垫。"

再次做课时，我运用吴老师"课前暖场"的方法充分作了准备，竟然真的克服了上课紧张的问题，而且是那么自然。

那是在一次课题研讨会上做现场研究课，我带自己的学生去上课。课上得很成功，更令我得意的就是"课前暖场"给课堂教学带来了良好的开端。

首先，我用研讨会的会场作为"暖场"的第一个话题来放松紧张的心情。我说："知道这是哪儿吗？""你怎么知道的？"在轻松的对话中，没有对错，很容易让学生投入，他们在不知不觉中忘记紧张，放松下来。

接着，我用现场的听课教师作为第二个话题，说了三句话。

第一句，我说："大家先跟听课的老师们挥挥手，打个招呼。"

第二句，我微笑着作介绍："在听课教师中，有你们的班主任、数学老师，你非常熟悉；还有其他兄弟学校的老师，都是我的同行，我很熟悉；还有就是这边儿，还坐着4位老师，知道他们是干什么的吗？"

因为其中有一位是学生见过的教研员，所以学生脱口而出："教研员！"

"知道教研员是干什么的吗？对，老师的老师。"这是第三句，我接着说道，"同时，他们还是我的好朋友。"说到这儿，我略带自豪地笑了笑，说，"这么多熟人，这么多朋友、同行，所以，今天在这儿上一节研究课，我感觉比在自己学校还亲切呢。"

因为当天上课内容是《用数对确定位置》，所以最后，我用"班级"的问题进入第三个话题，一个和"简洁、准确"有关的谈话。我和学生的对话如下：

> 师："你们认识大家了，大家还不认识你们呢，知道你们是芳草地小学的，可是还不知道你们是哪个班的，你们是哪个班的呀？"
>
> 生："五（1）。"
>
> 师："哦，怎么不说五年级一班，干吗说五（1）呀？"
>
> 生："简单。"
>
> 生："简洁。"
>
> 师："哦，简洁。那我觉得可以直接说五、说一。"
>
> 生："不行。"（学生都笑了）

师："不是要简洁吗？这样更简洁！"

生："不知道什么意思了……"（学生坐在座位上笑着说）

师："你们的意思是？"

生："光说五，不知是五年级哪个班的，光说一，不知是哪个年级的一……"

师："明白了，你们的意思是不单要简洁，还要——"

生："清楚。"

师："嗯，不但要简洁，还要清楚。生活中如此，数学上也如此。可以上课了吗？"

生："可以。"

师："上课！"

前两个话题，我向学生传达了这样的信息：作为老师，我不紧张，而且很熟悉这里，以缓解紧张情绪。在让学生不知不觉放松下来的同时，我也同样放松了下来。最后的话题转换更是恰到好处，成为整堂课开始的起点。

通过这次实践，我确认自己上课紧张，既是自然的同时又是可以消除的。这节课之后，我又在教学实践中设计了许多不同方式的"课前暖场"，随着"课前暖场"带来的许多成功的研究课，我也变得更加自信了。

（北京中学　王来田）

感悟：良好的开端是教学成功的一半，而异地上课，教师及学生难免会紧张，积极、认真对待每一个"课前暖场"，并科学地设计，一定会缓解、消除开场的紧张情绪，提高教学效果。

尊重学生自己的选择

2009 年 4 月 30 日，是我们工作站教师研修的日子，那天我和吴老师同上《数的整除》一课。课堂中的情景，想起来仿佛就发生在昨天一样。

那天我上第一节，吴老师上第二节。我信心满满，因为课前我对学生进行了充分的调研，对学生的难点和困惑点，都进行了精心的设计，关注了举例法在教学中的运用与指导，设计了解密码锁这一实际问题贯穿课的始终，通过学生的思考、辨析等数学活动，沟通整除中的基本概念，还特别预设了对学生的评价。课很顺畅地上下来了，我感到一身轻松。

吴老师开始上课了。"孩子们，这节课重要的任务，是把零散的有关数概念

进行整理复习。有两种方法，一种是老师带着你们理一理、画一画，把概念复习一遍；另一种是你们自己整理。这两种方法，你们选哪个？"出乎我的意料，全班学生居然都举起了两个手指，毫不犹豫地选择了第二种方法。哈哈，姜还是老的辣啊！吴老师懂得学生的心理——"我能行，我要自己先试一试"。

吴老师尊重学生自己的选择，学生通过独立思考、小组合作学习的方式把概念串成线、编成网。小组汇报开始了，吴老师这样说："汇报时，我们不求全，能找几个就说几个，同学们可以互相补充，说不定大家会有更丰富的认识呢。"一组组学生纷纷走上讲台，在吴老师"润物细无声"的助推下，用线把一个个零散的概念连起来。一句"不求全"，缓解了学生的紧张心理，降低了学习的门槛，扫清了学生的心理障碍，使学生在轻松和谐的氛围中，在自己的知识点上又建构了新的知识，在倾听、交流中完善对知识体系的全面认识，完成了由局部到整体的建构。

读懂学生是促进生本课堂的关键。在我的课堂中，对学生的关注是显性的形式的，没有触及学生的内心，因而显得不深刻；吴老师是站在尊重学生、发展学生的高度，真诚地相信学生，给学生自主、合作、交流、体验的机会。经历了倾听、接纳、修正的过程，学生体验到了数学中关系的重要性，理解了知识，掌握了方法，更重要的是学生在体验中感悟到数学所蕴含的理性的美，发现了自己学数学的能力。

《数的整除》的同课异构，让我真真切切地领悟了吴老师常和我们讲的：在学习的过程中，没有什么比激发学生的学习兴趣、保护好奇心更重要的了，在交往的过程中，没有什么比尊重个性、真诚交流更重要的了。吴老师是这样说的，更是这样践行的！

（北京市昌平第三实验小学　禹　芳）

感悟：复习课要把一颗颗珍珠穿成一串美丽的项链，由谁来穿呢？怎样穿呢？老师穿好了呈现给学生，还是老师带着学生一起穿，又或者让学生自己动手穿？《数的整除》的同课异构，让我们真真切切地领悟了吴老师的教学魅力。

对话从"心"开始

　　学生的内心世界是极其丰富的，也是多变的，而且学生不是在任何时候、任何情况下都会把心灵的窗口向教师敞开的，所以要洞察学生的内心世界，并不是一件容易的事情。在我们的教学中，经常会出现教师言之谆谆，学生却听之藐藐；教师苦口婆心，学生却无动于衷。吴老师总能在教育教学中恰到好处地运用心理效应，使师生间情感交融，教学效果达到很高的境界。吴老师用自己的教育教学实践诠释了心理学规律，她让高深的心理学理论不再遥远，不再乏味。

一、期待效应

　　教师在课堂上，往往更偏爱那些聪明伶俐、回答问题流畅、善于表达的学生，给予他们的表扬也会自然地流露。而对一些反应迟缓、思考问题较慢、经常答错的学生，或是暂时思考不全面，导致出现问题的学生，则置之不理。长此以往，这些学生就会丧失提出问题、解决问题的积极性和主动性。作为教师，如果不及时调整这种偏爱心理，就会产生"马太效应"，纵观我们的教育教学，不同程度地受到"马太效应"的影响，导致一些教育的失误。

　　所谓"马太效应"就是"凡有的，还要加给他，叫他有余；凡没有的，连他所有的也要夺去"。美国著名哲学家罗帕特·默顿发现了这种现象，即获得荣誉越多的科学家，授予他的荣誉就越多；而那些默默无闻的科学家，其做出的成绩往往得不到承认。他于1973年把这种现象命名为"马太效应"。

在吴老师的课堂里，我们常常看到这样的场面：每次争论结束后，吴老师都会真诚地祝贺获胜者："祝贺你们，是你们精彩的发言给大家留下了深刻的印象。"学生的脸上洋溢着成功的快乐。然而吴老师并没有忘记身边的暂时"败下阵"来的同学，仍然深情地对他们说："谢谢你们，正是因为你们的问题出现，才给全班带来一次有意义的讨论！你们勇敢地面对自己的问题，愿意与大家共同分享，善于倾听并接纳同伴的意见，修正自己，这是很好的学习态度。"吴老师彬彬有礼地向他们深深鞠了一躬，并说："谢谢！"同学们笑了。别小看这一声感谢，它使成功者体会到快乐，使暂时失败者找回了面子，这无不体现着吴老师对学生的热爱与尊重，体现着吴老师以学生发展为本的教育思路。如果不去理会这些暂时的"失败者"，有可能使他们产生自卑心理或是抵触情绪，可能成为永久的失败者。吴老师在她的教育教学工作中切实做到了客观、公正、平等，不偏袒、不歧视任何一名学生，力争把"爱"的阳光洒在每个学生的心田。

吴老师所教过的留级生小A，小时候得过大脑炎，妈妈说他脑子有毛病，不是学习的料，因此他失去了学习的信心。吴老师就想办法为他创造有可能成功的机会。在学习"乘数是三位数的乘法"前，吴老师花了整整一周的时间耐心地给他补"乘数是两位数的乘法"的知识，从算法到算理。上课了，吴老师板书了"311×12=？"，小A主动举手，并很快完成了此题，吴老师借此机会让全班同学向他提问，结果小A有条有理地对答，同学们热烈鼓掌。小A第一次在同学面前感受到"我也是正常的学生，我能学会数学"，第一次体会到受到大家尊重和欣赏的快乐。从此小A变了，变得爱学习，爱思考了。由此我们深深地感到：自信心对一个人的成长来说至关重要。教师要精心创设育人环境，充分利用心理规律，慷慨地把重新跃起、再获成功的机遇还给每一名学生。一旦学生对教师的期望作出反应，把教师的期望内化为自己的期望，那么，他们就会真正的"绽开"。

在吴老师的教学生涯中，"学困生"永远被列入"保密名单"之中，她从来不以考分论英雄。在吴老师的心中，每个学生都是好学生。她从不歧视弱者，而是满腔热情地期待……她的学生不仅喜欢数学，而且成绩能迅速提高，奥秘就在于：

1. 信任

心理学研究表明，教师真诚的期待和信任会对学生产生巨大影响，能给学生的成长指出正确的方向，具有教育感化作用。学困生尤其需要这种信任，教师的信任是对其人格的尊重，它会变成一股无形的力量，促其不断努力，取得进步。

2. 赞扬

最能鼓舞"学困生"自信心的莫过于成功。教师必须为他们提供可能成功的情境，尽可能地多发现其闪光点，对他们的微小进步、点滴成绩予以认可，表扬和奖励，让"学困生"获得积极的心理体验，促使他们自信自强，乐观向上，充分释放内在潜能，进一步追求新的成功，形成良性循环，从而不断改善自我，提高自我。

3. 真爱

现实生活中，人们往往对好的学生倍加宠爱，对"学困生"却是挑剔多于宽容，鄙薄多于尊重，训诫多于照顾。实践证明，没有爱，教育者是不可能使自己的要求转化为学生的自觉需要的。吴老师对"学困生"施以爱心，用自己火热的心去温暖学生的心，在学困生的心灵上架起一座感情的桥梁，给他们带去欢悦和力量，使他们重新扬起生活的风帆。这样，今天的"丑小鸭"就一定能变成明天的"白天鹅"。

吴老师以上的做法正是"期望效应"的体现，"期望效应"来自一个心理学实验。有一次，美国著名心理学家罗森塔尔到一所小学做调查，他们在一至六年级中煞有介事地进行"预测未来发展的测验"，然后实验者将认为有"优异发展可能"的学生名单交给教师。其实，这个名单并不是根据测验结果确定的，而是随机抽取的。它是以"权威性的谎言"暗示教师，从而调动了教师对名单上的学生的某种期待心理。8个月后，再次测验的结果发现，名单上的学生的成绩普遍提高，教师也给了他们良好的品行评语。这个实验取得了奇迹般的效果，人们把这种通过教师对学生心理的潜移默化的影响，从而使学生取得教师所期望的进步的现象，称为"罗森塔尔效应"，也叫"期望效应"。它告诉我们，真诚的期待和不懈的努力，终会结出预期的果实。

教育实践也表明：如果教师喜爱某些学生，对他们会抱有较高期望，经过一段时间，学生感受到教师的关怀、爱护和鼓励，常常以积极的态度对待教师、对待学习以及对待自己的行为，学生更加自尊、自信、自爱、自强，他们常常会取得教师所期望的进步。相反，那些受到教师忽视、歧视的学生，久而久之会从教师的言谈、举止、表情中感受到教师的"偏心"，也会以消极的态度对待教师，对待自己的学习，不理会或拒绝听从教师的要求，这些学生往往会一天天变坏。

这也给我们每位教师敲响了警钟。

二、空白效应

中国绘画讲究"疏可走马,密不透风"。"疏可走马"指的就是"布白"。有了"空白"才能产生美感。在书法作品中,一幅画如能适当地留下不着色彩的空白,会收到"恰是未曾着墨处,烟波浩渺满目前"的艺术效果。诗歌语言的跳跃,电影艺术的空镜头,也都能获得"此时无声胜有声"的艺术感染力。课堂教学中由于教师留下"空白",出现学生学习效果提高的现象,叫作"空白效应"。

心理学原理告诉我们,教学中留下"空白"有以下好处:从心理卫生角度看,"教学空白"可以使学生从中得到积极休息,以消除学生心理和生理的疲劳,避免"分心"现象。从记忆原理看,"教学空白"使学生较少受到前摄抑制和后摄抑制的影响,学习内容容易记忆。从创造和想象原理来看,留下"教学空白"的课更容易使学生荡起想象的浪花,激起好奇的涟漪,留下创造的思维空间。

吴老师经常说:在我们的教学中,无论是教师精心设计的情境,还是意味深长的言犹未尽,或是独具匠心的无中生有,都为师生的课堂互动创设了很好的空白,会产生积极的教学效果。因为是空白,就有多种填充的可能,不同的生活经验,不同的思维方式都会填充出不同的世界;因为是空白,不同的学生就会有不同的感受体验;因为是空白,学生的个性体验有了呈现、发展的空间和领地;因为是空白,课堂教学就会变得流动不居,不会是一潭死水,各种情感体验在一起碰撞交流,极易激发学生的创造性思维与感悟,生成新的智慧。

例如,吴老师在讲解平移和旋转这节课时,当同学们初步感受到什么是旋转和平移后,就请同学们先闭上眼睛静静地想一想什么是平移运动、什么是旋转运动,然后让他们站起身来用自己的动作表现出来,在活动中同学们进一步体会了平移与旋转运动方式的特点。

在头脑中静静地想一想,留给学生想象的空间,是对概念的重新诠释和再次解读,对于学生沉淀知识和内化能力起着至关重要的作用。

因此教师要善于"留白",在表达方面"留白",针对某些问题,教师不妨先不说出自己的观点,让学生去想、去说,让学生有表达自己意见的机会。在实践方面"留白",给学生一个锻炼和实践的机会,提高学生的动手能力。在思考方面"留白",教师给学生思考分析的机会,让学生独立地思考和判断,学生的分

第一辑

教书·育人

析能力就会逐渐提高。在批评方面"留白"，批评之后，留有让学生自己去反思的时间，这样学生的反抗心理就会锐减。我们明白"空白效应"的神力后，在使用时要注意掌握时段，并不是留下任何"空白"都能产生良好的效果的。也就是说，"留白"是一门艺术，不是一件简单、随意的事。一要掌握火候，二要精心设计。

在课堂教学中，教师可以在下面几个环节中留出"空白"，让学生去探索、思考。

● 在寻找新旧知识的衔接点时留"空白"。

● 在提问后留"空白"。

● 当学生对知识认识模糊时留"空白"。

● 在概括结论之前留"空白"。

● 在出现错误之后留"空白"。

只有充分相信学生的内在潜力，留给学生充足的时间和宽松的空间，让他们去自行探究，才能激发他们的创造潜力。

三、海潮效应

兴趣是最好的老师，有兴趣才有渴求，有渴求才会主动积极。

案例 "圆锥的认识"教学片段

吴老师在执教《圆锥的认识》这节课时，在引入环节用一张厚纸遮住圆柱体。

师：同学们，请你们大胆地想象，当圆柱体的上底面慢慢地缩小到圆心时，这个圆柱体将变成一个怎样的物体？谁能试着描述一下？

（一石激起千层浪，学生们立刻活跃起来）

生 1：下面大大的，上面尖尖的。

生 2：下面是圆形，上面是一个顶点。

生 3：下面是圆形的，上面是尖尖的，旁边是一个曲面，从上到下慢慢变大。

师：你们能在本子上把这个物体的形状试着画下来吗？（叫一个学生到黑板上画，该生在黑板上画出一个圆锥体）

师：现在看一看，老师能不能把这个圆柱体变成你们说的或画的那样？

（随着老师慢慢揭开遮在圆柱体上面的纸，露出一个圆锥体）

生：（惊奇）哇！（一起鼓掌）

师：像你们说的或画的那样吗？

生：像。

师：这个物体叫圆锥体。这节课老师就和同学们一起来研究圆锥体的有关知识。（师边说边板书：圆锥的认识）

只有在活跃的课堂气氛中，学生才能积极地参与教学中的思维活动。在学生说出或画出这个物体的形状时，无形中发展了学生的空间观念。吴老师独辟蹊径，巧妙地将学生喜闻乐见的"魔术"引入课堂，激发学生的兴趣，紧扣学生的心弦，使其主动参与到研究圆锥体特征的状态之中。这一别出心裁的设计，使学生在较短的时间内产生学习数学的欲望与内在的动力，收到了事半功倍的教学效果。

海水因天体的引力而涌起，引力大则潮大，引力小则潮小，引力过弱则潮无，这就是通常所说的"海潮现象"。课堂教学要达到的理想效果应当是"课未始，兴已浓；课正行，兴愈浓；课已毕，兴犹浓"，要达到这样的效果，就要牢牢抓住学生的注意力，激发学生学习的兴趣，用教师精湛的教学技艺吸引学生，使学生形成思维的狂潮，也就是产生"海潮效应"。

德国教育家第斯多惠说："一个坏的教师奉献真理，一个好的教师则教人发现真理。"所以，我们的教育不宜过多传输所谓的"定论"思想来钝化学生尚属稚嫩却四处延伸的思维触角，而要着眼于帮助他们树立多思路、多角度、多元化的认识事物的思维方式和思维艺术，尽可能地帮助他们扩大人生的视野、探索的方位和认识的领域。正如成尚荣先生所说："要让孩子们的思维任意遨游，在属于自己的世界里尽情勾画涂抹。不要让孩子们富于幻想和充满好奇心的天性在学习中消磨殆尽。"

四、南风效应

法国作家拉封丹曾写过这样一则寓言：北风和南风比威力，看谁能把行人身

上的大衣脱掉。北风首先来一个冷风凛凛、寒冷刺骨，结果行人为了抵御北风的侵袭，便把大衣裹得紧紧的。南风则徐徐吹动，顿时风和日丽，行人如沐春风，暖意上身，于是宽衣解带，继而脱掉大衣。这场比赛以南风获胜而告终。南风之所以获胜，就是因为它顺应了人们的内在需要，使人的行为变为自觉。心理学家将这种以启发自我反省、满足自我需要而产生的心理效应称为"南风效应"。

在吴老师教育教学生涯的长河中，随处都可以捕捉到"南风效应"。下面的这封信就是一位好学生向吴老师吐露的心声。

吴老师：

您好！

还记得那个阳光灿烂的早晨吗？全校同学云集在操场，广播里传来佟校长激动人心的讲话："我向大家报告一个好消息，六年级徐庚、何苗等同学以勤奋拼搏的精神和集体的智慧，团结合作，又一次取得了全区数学奥林匹克竞赛团体总分第一名的优秀成绩，再一次为锦绣街小学赢得了荣誉。"雷鸣般的掌声久久不息。我站在那里泪水像断了线的珠子，一个劲地往下落。数学小组活动的一幕幕又出现在眼前：我和鲍岩都是您命名的数学小星，成绩总是不相上下。不知从什么时候起，我心中升起了妒火，看到他成绩比我高时，我就狠狠地瞪上一眼，心中愤愤不平。我曾经鼓动几个小哥们一起向您告鲍岩的假状……这一切都没逃脱您犀利的目光。然而，您没有当众揭露我。放学后，我被留下，心想：等待我的一定是严厉的批评。出乎意料，您给我讲了一个《枪与子弹》的故事。"枪与子弹抢功，互相排斥，最后只能两败俱伤，只有团结才能取得胜利。"我沉默了很久，或许从中明白了什么。您拍着我的肩膀说："一个人的品格比分数更重要！"正因为有了这次长谈，使我多了一份人生的感悟，才有了数学决赛前夕，我背着小腿骨折的鲍岩参加数学训练，并替他抄笔记的一幕。吴老师您给予我的不仅仅是数学的头脑，智慧的力量，从您的身上我学会了怎样真诚地欣赏别人，学习别人的长处，我懂得了该怎样做人。

孩子真诚的话语，令人感动，启人深思，成长中的孩子需要教育，而成功的教育在于师生间的相互信赖，相互尊重。孩子们出现问题的时候，他们迫切想得到的是理解、宽容和帮助，教师切不可粗暴地批评，更不可以示众惩罚。

平时，我们一定在为脱掉学生身上"某件大衣"而狠吹"北风"，但是，寒冷刺骨的"北风"只会激起他们的对立情绪和逆反心理，既不利于规范其言行，也不利于维护其身心。北风固然凶猛，可结果却事与愿违；南风虽然徐徐，却能达到预期目标。正如魏书生先生所言：当学生犯错误时，应先避开问题的实质，把学生从犯错误的阴影中带出来，走到温暖的"阳光"下，给学生一个愉悦的心境，和风习习吹掉他们自我保护的大衣，然后耐心细致地进行说服教育，何愁学生不向你敞开心扉呢？

多年来，吴老师始终把学生看作朋友，把课堂当作教师和学生互相交流的温馨港湾。吴老师常说："要想让学生喜欢教师，教师奉献给学生的一定是一个真实的自我，鲜活的自我。如果教师只是一架会传授知识的机器，那么学生就会远离你，师生之间的情感就会一片苍白，课堂教学必然会失去活力。要做一名受欢迎的教师，就要走进孩子们的心灵，满怀真情地倾听他们的心声，帮助他们消除心理上的障碍，充分地尊重和理解他们，真正读懂青少年心理这本书，从而建立平等、民主、友好、和谐的师生关系。师生关系对学生成长的重要意义，丝毫不亚于空气对人的价值。"

（北航实验学校小学部　李兰瑛）

感悟：教育的最高境界是用一种生命的精神去浸润感化许多生命，每一个教育者都应站在儿童生命成长的高度，用爱和智慧合撑起"尊重"的理性之伞、"呵护"的情感之伞，让儿童的生命自由地呼吸、舒展地生长。

让学生成为主角

"让学生走向前台，教师就要勇敢地退下来"，这句话从课改以后我不知听过了多少遍，每次听到这句话，心中都会有一点点涟漪掠过，但随着时间的流逝逐渐习以为常，直到有一天……

下课铃响了，孩子们还不愿意下课，都围着我叽叽喳喳地说着。听课的老师也纷纷发信息给我，说自己听课的感受。我自己也沉浸在刚才上课时的幸福状态之中……这就是我在录制北京市"百节名师风采课"《估数》一课的情景。当时的我特别想把自己的兴奋说给一个人听，告诉她正是她的点播和指导，我感悟到了数学教学的又一种幸福——读懂学生，感受到了让学生走向前台，教师要勇敢地退下来的妙处。这个人就是吴正宪老师。

2009 年我接到一个任务，录制北京市"百节名师风采课"。当时小学数学选取了 10 节课，我是 10 名教师中唯一一名农村教师，压力可想而知。而特别幸运的是我的指导老师是吴正宪，这也让忐忑的我有了信心。一周后我带着自己的教学设计和制作精美的课件，找到吴老师来共同备课。

我信心满满地打开自己精心设计的课件，足足有 15 页，每页的交互、链接、动画等很用心，整整一节课都是以课件串联的。我对吴老师说："吴老师，10 节课里就我一名农村教师，我怕上不好，城里老师做的课件都很精美，我要做得不好怕影响课的效果，您先看看我的课件。"吴老师看后笑着说："我们农村老师的课更要朴实，不要单纯攀比信息技术，更重要的是对教材的把握，是对学生的数学学习规律的把握。"吴老师还告诉我，在使用课件的时候我们一定要好好想想，课件里展示的内容能不能让学生动手做？能不能让学生亲自体验？能不能换成教具、学具，使教学更直观，更利于学生自己动手操作？……

我设计的第一个活动是分黄豆，通过课件展示，先让学生估计一瓶黄豆有多少颗。再出示装有 100 颗的瓶子作为标准，出示第二瓶，第三瓶，让学生估计大约有多少颗，以此让学生感受到灵活确定标准的重要性。

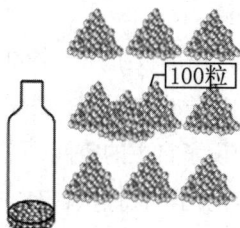

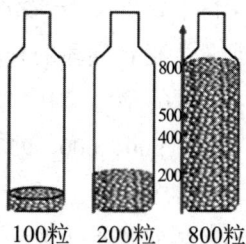

吴老师看完后笑着问我，你说是让孩子看你的演示好呢？还是让学生在真实的活动中体验好呢？

我设计的第二个活动是让学生根据课件演示的已知线段的长度，估计其他线段的数据，设计的目的是把已知线段的长度作为标准，让学生根据已知标准进行估计。

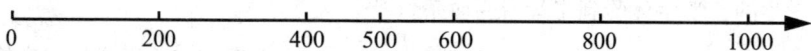

吴老师又一次追问："为什么不让孩子亲自动手试试，让他们自己找标准呢？能让他们自己操作吗？"看着我疑惑的眼神，吴老师接着说："比如把课件上的线段移到黑板上来，你想想会怎么样？"

听了吴老师的建议，我若有所思地点点头说："吴老师，我好像明白了，您是告诉我要让学生动起来。看来我设计的第三个活动也要修改了，我设计的是在课件上出示了一段文字，让学生看着课件估计大约有多少个字，我可以直接让学生自己在纸上估计，标注出方法，让学生自己动起来。"听了我的话，吴老师高兴地说："对呀，让学生主动走向前来，老师要退下来，这样我们的数学才好玩，学生也会在活动中也来越聪明啊。"

在吴老师的指导下，原来 15 页的课件最后只剩下了 3 页。三个活动都由教师的调控变成学生自主的活动。

第一辑

教书·育人

正式上课时我把第一个活动改为学生小组活动，动手探究平安星大约有多少颗。我给学生提供了200颗平安星、小盒、线绳、直尺等学具，学生们在热烈的小组讨论中开始动手估计了。有的小组以"一瓶盖"为标准，有的小组以"一把"为标准，有的小组把平安星分成大约相同的几堆来估，还有的小组先用尺子量出1厘米的高度，数数大约有多少颗，再看瓶子中一共有几个1厘米那么多，然后估出总数……由于为学生提供了宽松的学习氛围和动手操作的时间、空间，孩子们学得十分投入，一次次精彩的生成把课堂带向了高潮。

在课件中估计线段的长度改为小动物找家的游戏。在黑板上用一条红线作为小动物回家的路，其中一段是200米，在故事情境中让学生自己想办法分别找出200、400、500、600、950米的长度。由于为学生创设了自主的空间，学生找标准的方法多种多样，有的用书量，有的用直尺量，有的用黑板擦量，有的用手比着……孩子创新的火花一下就点亮了，对如何找标准、创造统一的标准更加明确了。

下课了，我仍然沉浸在上课的喜悦中，回味着课堂中学生积极的状态，投入的神情，我真正让学生体验到了学习数学的快乐，我也真正体验到了作为一名数学教师的快乐。吴老师的建议带给我深深的思考，也让我明白了为什么吴老师的数学课堂会那样吸引学生，因为吴老师的课堂里学生是自由的，课堂这块领地是属于学生的，学生体验到了学习的快乐。

（北京小学长阳分校　武维民）

感悟：教师要舍得放手，舍得退下来，让学生走向前台，让学生动手动脑，在做中学，在做中思考和创造，感受数学的魅力，这样的学习才是主动的、充满乐趣的，这样的课堂才是学生喜爱的课堂，这样的课堂才是学生有所收获的课堂。

一种素材，两种用法

今天，吴老师要来学校做现场指导，我早早地来到听课会场，找了个前排的座位坐下，这样能听得更真切些，看得更清楚些。

吴老师带着微笑走进会场，不停地和老师们招手、问好。稍后，主持人宣布活动安排：吴老师先执教《估算》一课，再为大家作一个报告。

随着学生的入场，课开始了。很快进入到"商场中的估算"这个环节，大屏幕上播放着录像——青青和妈妈在超市购物，她们买了五种商品，妈妈问青青："我带了200元钱，够不够呢？"看到这个画面我眼前一亮，暗自窃喜：这个素材我用过，能和吴老师不谋而合，高兴！

半年前，在七一小学的课题研讨会上我曾上过《估算》一课，"青青购物"这个素材我是这样用的：青青和妈妈来到超市，选购了一些物品（牛奶48元，巧克力69元，饼干16元，保温杯31元，果汁23元），妈妈问青青："我带了200元钱，够不够呢？"请同学们猜一猜，青青会选择哪种方法解决问题。

当时，绝大部分学生选择了笔算或口算的方法，只有两三个学生猜出我要讲估算，从而选择了估算。我只好说："当青青想确认200元钱是否够用时，只要估计一下就可以了，不必精确计算出结果。"尽管学生还不大认可估算，也只好随着我往下进行……

记得课后吴老师对我说："晖，这节课中你有几个素材选得很好，只是需要再重新设计设计，你好好思考一下。"由于那天吴老师有重要的会议，我们没能

做详细的交流，但我对问题的思考没有停止，只是没有找到解决的办法。今天吴老师的课让我豁然开朗。

吴老师请学生看屏幕：

> 青青和妈妈到商场购物买了五件商品，妈妈自言自语地说："200 元够不够呢？"收银员想："该怎样输入呢？"

学生们看得津津有味，吴老师适时抛出一个问题：

> 下列哪种情况下估算比精算更有意义？
> ①当青青想确认 200 元钱是不是够用时；
> ②当售货员将每种食品的价钱输入收银机时；
> ③当青青被告知应付多少钱时。

大家的积极性一下子被激发了出来，纷纷抢着要回答。吴老师一看，又补充了一个要求，先独立思考，然后用手势表示自己的意见。

学生们都不约而同地用手势 1 表示。一个孩子说："在确定 200 元够不够时，只需要估一估就行了，根本不用实际算出来。"吴老师赞许地点点头："可是当收银员要收钱的时候，他输入计算机的一定是个什么样的值啊？""准确值。""不然你花了 2 块 6 毛 3，收银员说交 3 块吧，你同意吗？""不同意，那就亏了。"

吴老师继续说："后两种情况肯定需要准确值，第一种情况看大约够不够，估一估也就可以了。刚才有同学问我，在什么时候估好一点，在什么时候必须要准确计算？现在我不知道你们是否有了一点感受。带着这个问题我们继续研究。"

同样是"青青购物"的素材，目的是让学生在非常自然的情况下，感受估算与精确计算的价值，体验"具体问题具体分析"的道理，感受估算与精确计算的区别。我的设计让学生感受不深，吴老师稍加改动，用购物过程中妈妈的问题"我只带了 200 元钱，够不够买这五种商品呢？"和收银员的问题"我到底该怎样把这些数据输入到收银机中呢？"进行比较，到底哪一个用估算，哪一个用精确计算，让学生充分感受估算与精确计算的区别，学生热情极高，在对比中体验、感悟、总结……

素材相同，收到的效果却不同，吴老师给我上了生动的一课。在解决问题时，吴老师鼓励学生自主选择合适的方法，不是"让我估，我就估"，而是不断地让学生体会什么情况下用估算，什么情况下用精算。正是给了学生充分自主选择的机会，学生才有思考的机会，逐步学会独立思考。

（北京市东城区灯市口小学　宋燕晖）

感悟：教师要做启发学生运用估算的有心人，通过观察、分析、交流估算的方法和技巧，让学生在实际运用中感受估算的好处，体验用估算解决问题的实用性和便捷性，凸显估算应用的价值，将"估算知识"演绎成"估算智慧"，让"估算"植根于学生心灵深处。

这节课少了点儿什么？

很多时候，我都是先观摩吴正宪老师的课，然后再结合学生的实际情况调整设计自己的课堂。但是我不能总是模仿，于是，我决定与吴正宪老师"背靠背"，不受"干扰"地独立进行教学设计，实践后再"面对面"反思，以检验自己的成长。记得"背靠背"设计的内容是二年级的"解决问题"，即用"连减解决实际问题"。

这节不受吴老师"干扰"的课上完之后，我迫不及待地在网上搜索吴老师上课的视频。

初看，我很欣喜，我和吴老师所讲的《两步实际问题》具体内容不同，但竟然有那么多相像，比如，流程上都是"问题情境（找数学信息，提出数学问题，过程中复习一步实际问题）—分析、自主解决—回顾总结提升—独立应用"；过程中都注重解决问题的策略——画图。

问题情境：

猴弟弟摘了 4 个桃，猴哥哥比弟弟多摘了 3 个桃。哥俩一共摘了多少个桃？

粗略一看，我为自己和吴老师的相像而兴奋！而细细品味之后，却又困惑，我的课不像吴老师的课那样有生机，那样有"人课合一"的感觉，总觉得少了点儿什么，到底少了什么呢？我总结了如下几点：

其一，少了点儿"说让学生能懂的话"。

"说学生能懂的话——高深莫测不如简单明了"，吴老师的课堂真的就是这样，"要想知道这个数，就要先拐一个小弯弯儿。在拐小弯弯儿的时候……""像刚才这样只写 4+7，总得带着一个小翻译：'我告诉你们，我那个 7 啊，是心里面算出来的。'……""小弯弯儿""小翻译"，多形象！反思我的课堂，虽然没有错话，但这样形象、易懂、亲切的话太少了，难怪学生兴致不高呢！

其二，少了点儿巧妙的"煽风点火"。

吴老师的课堂对"问题生成"不仅有机智的捕捉、敏锐的发现，更有"煽风点火"式的巧妙利用，营造了生生互动的磁场，课堂生机盎然。吴老师的这节《解决问题》，最令我折服的就是针对"3+4+3=11"和"3+4=7"两种不同的情况，采取的生生之间的小小辩论会。吴老师伺机利用学生资源，"煽风点火"，让课堂高潮迭起！而我的课堂，有时能够发现，有时能够捕捉，但是，"煽风点火"式的巧妙利用真是太欠缺了！我的这节课中，针对学生用不成熟的线段图解决问题的资源，我发现了，也利用了，我的方式是通过我同这名学生对话，深入浅出地向全体学生作了解读。少了"煽风点火"式的巧妙利用，就少了生生互动的智慧流淌，我的课堂自然生机不够呀！

其三，少了点儿针对性的激励评价。

"同学们不仅看到有树，有桃子，有猴子，还能用数据来描述观察到的对象，有一双数学的眼睛！""可以的。不过，你心里的 7 你知道，别人不知道。数学是大家共同交流的语言和工具，那要想让大家一目了然，非常清楚，我们也得遵守规则，是不是？"

"同样，吴老师也很佩服刚才得 7 的同学，因为他们敢坚持自己的想法，最让我感动的是他们学会了跟同学之间进行对话、交流，他们还能修正自己的想法，接纳同学的想法。我建议，掌声送给他们。"……

可以看出，吴老师的课堂是用真情唤起学生成长力量的课堂！真情，不是千篇一律浮于表面的夸赞，而是立足于学生改进发展的针对性积极评价，由此，学生不仅能够收获自信，更能够获得改进的方向，唤起成长的动力！反思我的课堂，这样针对性的积极评价真的是少了点儿，也许正是因为如此导致了我的学生们在质疑、表达等方面少了点儿勇气，少了点儿方法，而这正是学生持续发展的基础啊！

少了点儿这个，少了点儿那个，归根结底是少了点儿吴老师所倡导的儿童观和儿童数学教育观，少了点儿对学生发自内心的爱与了解，以及对儿童可持续成长的理解和助力。

正如吴老师所说："我爱事业，我爱学生。正是这条爱的纽带始终牵动着我的情思，她让我努力、催我奋进……"对比、剖析吴老师的课，我找到了自己进一步努力的方向。

（北京市大兴区瀛海镇第一中心小学　崔建梅）

> 感悟：听吴正宪老师的课，向她学习，但是形似而神不在，少了点儿什么呢？少的是对儿童的理解、尊重、关爱……要深刻地理解吴老师的数学教育观、儿童观，把课堂当作与儿童智慧碰撞、心灵交汇的舞台，为儿童带来知识、智慧、思想、方法，才能为儿童的童年留下不可磨灭的数学印记。

别把课堂当"舞台"

2007 年 6 月我代表北京市参加中央教科所在大庆举办的"全国小学数学评优课活动"，执教四年级《复式条形统计图》一课。

筹备过程中，常有多位专家一起听我试讲，帮我备课。或许是压力太大，生怕忘记哪个环节，我试讲前一句一句背着"台词"：同学们，这个学期许老师所在的学校举行了一次常规评比活动……

那次的试讲至今印象深刻。我"象征性"地和学生打了招呼，然后开始"表演"。预设的问题提出后，只要学生答出了我想要的答案就立即进行下一环节，而对于学生是否还有其他想法，我全然不顾，可能也不敢顾及吧！这样两个回合后，学生在课上的学习开始变得小心翼翼，他们揣摩着我想要的答案，努力配合我，但这样的配合很累，我的眼里、心里装着的是教案，是背好的一句句"台词"，我在几个"好学生"的配合下，完成了一节课的教学。而对于那些课上没举过手的同学，他们的学习情况怎么样，这节课有怎样的收获，我不知道，我想我也没有问他们的勇气。

吴老师听了这堂课后问我："课堂是什么？"

我说不出来。

她深吸了一口气："课堂不是舞台，如果把课堂当舞台去展示自己就坏了。"

我脸红了，我把课堂当成表演的舞台了，而且表演的主角还是我。学生刚刚说了几句自己的想法，我听着有点要跑题了，就打断学生的发言，变成我说；学

第一辑

教书·育人

生明明对刚才的一个问题非常有表达的愿望，而且可能还会出现非常有创造性的想法，但我后面还有 20 分钟的练习呢，如果给了学生太多的时间，后面的设计就完不成，我于是"骗"学生：下课咱们继续交流。可下课哪里还会交流呢？

我很焦急很渴望地向吴老师投去求助的目光，吴老师没有一丝责怪我的意思："课堂一定是师生之间、生生之间真诚的交流，课堂就是对话，就是聊天。"

吴老师还说："什么时候，你站在地上，跟同学们在一个平台上对话，那个课堂一定别有一番天地。"

我有些困惑了，吴老师竟绘声绘色模拟着上起课来："哎，你怎么想的，小东西？我也是这么想的，可能吴老师也会出错呢……"

我不禁想，若置身于这样的课堂，学生的学习会是怎样的一番景象，若我是吴老师的学生我会多么幸福……看着吴老师的示范，脑海里回想着她的教导，我的眼睛竟有些湿润了。

（清华大学附属小学　许淑一）

感悟：公开课，也被称为汇报课或观摩课，作为一种教研形式，有其存在和发展的意义，但是我们也要警惕公开课逐渐被异化和俗化，沦为一种表演和作秀。"尊重传统，回归教育常识，课堂不是舞台，不需要表演。"吴老师的话时时提醒着我们应该怎样去上好每一堂课、怎样真诚地为每一位儿童服务，让每一位儿童都有所获。

让分数变得灵动起来

　　《分数的意义》是一节传统的概念课教学，主要目标就是引导学生借助直观建立单位"1"的概念，进而理解分数的意义。通过一段时间的研究，我设计了分 12 枚棋子来造分数这一系列的教学活动，帮助学生来建立单位"1"，理解分数的意义。课上完了，但仍有一些困惑萦绕在心头。

　　困惑之一：分数的意义就是一节"干巴"的数学课吗?

　　虽然我在课堂上创设了大量的学生操作活动，整节课学生参与度也比较高，为什么一节课下来不论是老师还是学生仍觉得"分数的意义"有些抽象，有些枯燥? 对于本节课的学习来说，学生的兴奋点不是很高。

　　困惑之二：为什么带引号的 1 学生理解起来这样难呀?

　　课堂上学生举例说单位"1"的时候，近到老师同学的人数，远到地球赤道的长度、宇宙的大小，学生侃侃而谈，老师当时听了也颇为得意。课后访谈时当问起"半个苹果能看成单位 1 吗?"，学生的声音不像原来那么坚定了，有人开始疑惑了。单位"1"概念的建立对于学生来说真的是挺难的。

　　困惑之三：难道分数单位就那样说说学生就能明白吗?

　　众所周知，分数单位对于学生学习分数的意义来说非常重要。在教学分数的意义时，我也和大多数老师一样追问学生："5 个 $\frac{1}{6}$ 是多少? $\frac{5}{6}$ 里面有几个 $\frac{1}{6}$?" 学生面对这样的问题对答如流，可是真的利用分数单位解决问题的时候又支支吾

吾的。分数单位到底应该怎么教？不能仅仅一说了之吧。

带着这些困惑，我请教了吴老师，吴老师听了我的数学课，对我的这节数学课进行了耐心细致的指导。听了吴老师对"分数的意义"教学的诠释，忽然间觉得分数在我的头脑中开始慢慢变活了，变得灵动了。

从人造单位"1"走向自然单位"1"

单位"1"概念的建立，是学生深刻理解分数意义的关键所在。纵观整节课的教学，我从上课伊始的引入，到上课的主体及练习，都在帮助学生建立单位"1"这个核心概念上，可是，效果却不尽如人意，问题到底出在哪儿呢？

吴老师仿佛看出了我的心思，说道："看得出，你是在用心思考问题，我们不妨回顾一下这节课的一些教学活动。"

第一个环节：教师帮助学生回顾以往学习过的旧知识，借助平均分蛋糕、分正方形等相关活动，让学生明确平均分一个物体、一个图形、一个计量单位就可以得到分数。

第二个环节：教师借助 12 枚棋子，引导学生进行平均分，从而得到分数。借助 12 枚棋子，教师不断进行棋子数量的变化，明确单位"1"的概念，并且开始引导学生不断扩展单位"1"的外延。

"这节课单位'1'的概念是教师告诉学生的还是学生自己感悟到的？"吴老师接着说，"我这里有一个教学片段，我们可以一起模拟一下，以便于我们进行思考。"

老师往巧克力罐中先放入 2 颗巧克力，然后再放入 3 颗，老师提问："同学们，能把你看到的用一个算式表示出来吗？"

生：2+3=5。

师：除了这样一种结果，还可能有别的结果吗？

生：2+3="1"。

师：嗯，2+3 怎么能得到"1"呢？这个"1"和你们刚才得到的那个"5"有什么关系吗？

师：这里的"2"和你们所得到的"1"又有什么关系呢？这里的"3"和"1"又有什么关系呢？

参与了吴老师的课堂模拟，我忽然间顿悟了。在《分数的意义》这节课上，虽然我对于单位"1"重施笔墨，但是这种设计都是教师强加给学生的，不管你承认不承认这是单位"1"，教师都已经告诉你了，4个正方形、12枚棋子就是单位"1"，这种单位"1"是教师人造的单位"1"，学生只是在模仿教师所说的单位"1"进行举例，而忽略了单位"1"的本质。

吴老师借助实物，寻找2和"1"的关系，寻找3和"1"的关系，此时这个巧克力罐成了一个神奇的可大可小的魔盒。这个整体的出现是在学生寻找关系的过程中出现的，是部分和整体共同呈现的，凸显了分数是一种表示部分与整体关系的数。

从人造单位"1"走向自然单位"1"，是教师的教走向学生的悟的过程，在《分数的意义》的教学中，这种让学生领悟单位"1"的过程，也更加有利于学生对单位"1"概念的理解。

让分数张开嘴巴"讲故事"

我深知，一位好的数学教师应该是一位读懂教材、读懂学生、读懂课堂的老师。他除了要明确每一节课的核心目标外，还要理解学生的知识储备情况，学习的经验如何，这样才能让课堂充满生机与活力。课堂中，为了让学生充分理解分数的意义，我设计了这样一个练习："你能用生活中的事讲出分数的故事吗？"

生1：我们7个小伙伴一起去玩捉迷藏，1个人找，6个人藏，找到了$\frac{1}{3}$。

师：7个人玩，这里边的$\frac{1}{3}$是怎么回事，哪来的？

生2：老师，我明白，他们找到了2个人，就是找到了$\frac{1}{3}$。把6个人平均分成3份，两个人就是$\frac{1}{3}$。

生3：2个人是6个人的$\frac{1}{3}$，是7个人的$\frac{2}{7}$。

这个环节得到了吴老师的赞赏，她说："学生把自己的生活带进了理性的数

学课堂，用自己的故事讲分数，用自己的故事和数学进行对话，这不就是儿童喜欢的数学吗？用儿童的语言讲数学，讲儿童明白的数学，张永老师的数学课让那一个个枯燥的分数说了话，并且还动听地讲了故事，这不就是有营养又好吃的数学课堂吗？"

"让数学张开嘴巴讲故事"，我喜欢吴老师这样的表达方式，也越来越明白，吴老师的课堂为什么总是充满教育激情，总是深受学生喜欢，因为这是一种艺术的课堂，她不把数学看成抽象、枯燥的知识，而是看成一个个鲜活的生命体。我为自己的设计得到肯定感到惊喜，也为收获数学知识的魅力感到兴奋。

给分数找"妈妈"

什么是分数？分数是把单位"1"平均分成若干份，表示这样一份或几份的数。表示这样一份的数就是分数单位。在我的教学中，往往通过一些类似的提问，或者填空来进行训练。从学生反馈来看确实效果也不错，但是，学生真的理解分数单位的内涵了吗？我心里没底，如何进行检测呢？

"你对于分数单位的质疑，我特别同意。"吴老师先肯定了我，又说道，"分数的意义中用'表示这样的一份'凸显了分数单位，学生们在理解时往往感到茫然。许多学生也会有这样的疑问，为什么一定要在表述分数意义的描述中加上'表示这样的一份'这样关于分数单位意义的词语呢？应该说分数单位的理解对于分数意义有着独特的价值，这种价值的体验也不是简单的提问和填空就能解决的，需要一个不断感悟的过程。"

接着吴老师为我举了一个对比的例子：

教师出示一个长方形，问学生："这个长方形是一个分数 $\frac{1}{5}$，想一想'1'是一个什么样的图形？"

这样的问题对学生来说是比较容易的，借助长方形的直观性，学生能够很快地画出长方形。此时，教师不要停止，可以在这个基础上再次提问："这个长方形这次表示的是 $\frac{2}{5}$，这次'1'是什么样子呢"？

这就好像帮分数找"妈妈"，要求学生先理解分数单位。先由 $\frac{2}{5}$ 找

到 $\frac{1}{5}$，由 $\frac{1}{5}$ 找到 1，通过这样的思维过程，学生不断深入理解分数意义，不断深化分数单位的作用。

我反复思考，吴老师所说的"给分数找'妈妈'"这样一个教学环节，分数的意义是一个难点，而分数单位就建立在对意义的理解上，通过在具体情境中的数形结合，学生在"给分数找'妈妈'"的过程中充分运用了分数单位的相关知识，加深了对分数意义的理解。

（北京市密云区太师屯镇中心小学　张　永）

> 感悟：孔子与弟子"对话"，于是有了被后人誉为"半部可治天下"的《论语》，我们不敢与圣人比肩，但在小学数学这方天地中我们愿意尽情"对话"，与名师对话，与同行对话，与学生对话，做实实在在的思想者。

"听得懂"才能"学得会"

很早就为吴老师深刻、灵动的课堂所打动。和很多人一样，我了解吴老师是从她的课堂开始的。

"我想和你多待一会儿！"

"你讲的数学知识都用到生活中了。"

"我好恨下课铃，为什么这么早就下课了。我还想在数学的海洋中多遨游一会儿呢！"

"这节课太短了，我还没上过瘾呢。"

"这节课是我人生中最有意思的一节课。"

……

这是痴迷于吴老师课堂的几个普通孩子说的话。是啊，是什么魔力牵动着孩子们的心，使他们获得了心灵的共鸣、思维的共振？

我和孩子们一样也喜欢听吴老师上课，因为吴老师的课不理论化但深刻，不晦涩却专业，不但带领孩子们走进了"听得懂""学得会"的数学乐园，更深入浅出地告诉做教师的我们该如何教好数学。

"匀乎"出的平均数——口头语言

吴老师常对我说："上课时要忘掉教案，脑子里只有孩子们。"我深知，"忘掉"教案绝不是随心所欲、没有准备的乱讲。吴老师的课不是"忘掉"教案，而是将教案融化到了"随意"的交流之中，将知识转化成了儿童语言，和学生们平等地沟通。

在《平均数》一课上，刚刚上课，吴老师便组织了一场拍球比赛。很快，男生组起名叫"必胜队"，女生组起名叫"快乐队"。

比赛开始，一个男生 10 秒钟拍球 19 个，一个女生 10 秒钟拍球 20 个，吴老师宣布"快乐队"为胜。男生马上不服气："不行！不行！一个人代表不了大家的水平！再多派几个人！"

于是，两队又各派四人上台。比赛结果：男生队拍球数量为 17、19、21、23。女生队拍球数量为 20、18、15、23。同学们用计算器算出："必胜队"拍球总数为 80 个，"快乐队"拍球总数为 76 个。

吴老师高高地举起男生代表的小手宣布："必胜队胜利！"

"吔！"男孩子们高兴地跳了起来，女生们则沮丧地低下了头。

这时，吴老师来到了弱者的一边，安慰女生："快乐队的小朋友们，不要气馁，我来加入你们队好不好？"

"太好了！"女生们异口同声。

吴老师现场拍球 19 个，然后问道："快算算，这回咱们快乐队拍球的总数是多少？"

女生很快算出："95 个。"

"这一次我宣布，快乐队胜利！"吴老师兴高采烈。

女同学的脸上终于现出了微笑，可是，男生们却马上反驳："不公平！不公平！我们是 4 个人，快乐队是 5 个人，这样比赛不公平！"

吴老师顿了顿，问道："哎呀，看来人数不相等，就没法用比较总数的办法来比较哪组的拍球水平高，这可怎么办呢？"

这时，一个胖胖的小男孩站起来伸开双臂，结结巴巴地说："把这几个数匀乎匀乎，看看得几，就能比较出来了。"

"求平均数！"几个孩子脱口喊了出来。

一个"匀乎匀乎"就使平均数应运而生了，孩子们从实际问题的困惑中产生了求平均数的迫切需求。是呀，"平均数"就是被"匀乎"出来的数。把所有数据加起来再除以个数，那只是"匀乎"的一种方法，而不是"平均数"的本质。整节课，没有一句"平均数"的标准定义，孩子们始终在用自己的语言诠释着对

第一辑

教书·育人

平均数的理解。吴老师不但没有否定他们的说法，反而多次利用学生的语言，拉近了师生的距离，更拉近了孩子们与数学的距离。

很多公开课上，老师们为了追求所谓的"标准答案"而不惜提前铺垫，小学生尤其是低中年级的小学生，在这种"滴水不漏""一字不差"的"语言培训"中，丧失了多少理解知识的机会？吴老师的课不过分强调对某些数学文字的表面理解，而力求引导学生感悟数学的本质，鼓励学生用自己的数学语言尝试诠释对数学意义的真正理解，从而把握住数学的魂。吴老师赞成这样的儿童学习理念："严格的不理解，不如不严格的理解。"做教师的我们不妨退一步，不要急于把"严格的数学概念"一字不差地呈现给"尚未具有严格思维"的小学生。

在本节课的练习环节中，吴老师出示了一张北京"五一"期间自然博物馆售出门票统计图，上面分别标着：五月一日 1100 张，二日 1300 张，三日 1000 张，四日 900 张，五日 700 张。

吴老师："请你估计一下，这五天中平均每天售出门票大约多少张？"

"1000 张""1100 张""900 张""1500 张"……同学们迫不及待地报出自己的估计，吴老师微笑着不动声色。

吴老师请同学们用自己喜欢的方法验证。很快，结果出来了，平均每天售出门票 1000 张。吴老师请同学们说说自己的验证方法。

这时，吴老师拿着话筒来到估计 1500 张的那个小男孩面前："请你下去采访一下，看看其他同学是怎样估计得这么准确的，好吗？"

同学们说了自己的估计方法，吴老师转过身来，摸着小男孩的头说："听了刚才小朋友的发言，你有什么感受？"

憨厚的小男孩摇摇头，不好意思地说："人家估计的都在里边，我估计到外边去了。"

吴老师心中的感动溢于言表："我非常羡慕一开始就一次估计对的同学，你们很了不起，但我更佩服身边的这位小男孩，虽然第一次他估计到'外边'去了（有意识地用了儿童的语言），但是他能在和同学们的交流中接受大家的意见，调整自己的思路，能够进行自我反思，这是一种很好的学习习惯，是一种可贵的学习方法，我们都应该向他学习。"

在吴老师对"匀乎"一词的接纳和理解下，"外边"这个个性十足却又生动形象的儿童语言，帮助学生在反思中加深了对平均数的理解。

在课堂上，吴老师关注的不是对儿童说了多少话，而是说了多少儿童能理解的话。学生听懂了，自然就喜欢了，喜欢了自然就接纳了。正像吴老师所说："'好吃'的数学可能不那么严谨系统，只有属于孩子们自己的数学才是最美的数学；'好玩儿'的课堂可能没那么尽善尽美，只有属于孩子们自己的课堂才是最有魅力的课堂。"

由"一半儿"到分数——书面语言

"分数的初步认识"是人教版三年级上册的内容，是学生对数域的第一次拓展。众所周知，分数是在实际度量和均分中产生的，单名称就直观而生动地表示出了这种数的特征。"学生应该首先体验将具体的材料分成相等部分然后形成分数的行为。最初的时候不应该使用符号，直到学生对这些术语感到自信的时候再使用。"（J.L.MARTIN《教与学的新方法·数学》）

课上，吴老师关注学生已有经验，提出了一个富有挑战性且符合儿童年龄特征的任务："能用你喜欢的方式来表示一个桃子的一半儿吗？"孩子们的兴趣被大大地激发出来，黑板成了他们的领地，他们纷纷展示着自己的创造。

面对始终坚持用桃子图来表示分数的学生，吴老师宽容地接纳了他。在课末，巧妙地请他到黑板上来表示 $\frac{1}{100}$，小家伙径直上了讲台，没画一会儿就走过来跟吴老师说："老师，这种方法太麻烦了，还是分数表示好。"边说边使劲把开始画在黑板上的桃子图擦掉了。

课堂上，我经常会碰到学生说不清楚但心里有数的情况，如果硬是让学生口头表达，有时学生难免"胡说八道"，背离自己的原意。然而吴老师不作限制，让学生"用喜欢的方式来表示一个桃子的一半儿"，孩子们创造性地表达着自己对"一半儿"的理解，琳琅满目的作品彰显着个性，并体现着他们对分数最初的理解。当学生沉醉在自己的创作之中时，吴老师巧妙地将平均分的份数增加，并改变所分事物，使得孩子们发现原有经验不能满足现状，必须调整，从而逐渐接纳了"分数这个新朋友"。就这样，学生将学习内容与已有的知识和经验联系起来，没有机械的语言，没有生硬的给予，自然实现了知识的主动建构。

记得有位教育家曾说过："要想了解孩子的心理需求，自己首先得像个孩子。"吴老师就是个极富有童真、童趣、童心的大孩子。她读懂了学生的作品，

第一辑

教书·育人

并给予了声声赞许，使孩子们感受到了创造的快乐；她更读懂了小学数学，并给予孩子们适时引导，使得孩子们触摸到了知识的本质。

吴老师从不刻意追求课堂的尽善尽美，而是鼓励学生用自己的语言，诠释自己对数学意义的理解，使数学课堂更加朴实和亲切。

"约估算"和"升降法"——语言对接

《估算》这节课上，在吴老师的"鼓动"下，学生们结合自己的理解，把估算称为"大估""小估""中估""大小估"，吴老师不但不否定，反而欣赏地将它们一一记录在了黑板上。在给"四舍五入法"命名时，吴老师更是充分发挥了教师的引导作用——

学生1：约估算。

吴老师：嗯，不错。（指指其他算式）可是这些都是约估算呀？

学生2：升降法。

吴老师：嘿，好名字，但是没有把标准说出来。

在吴老师的引导下，很快学生便想到了"四舍五入"。

"匀乎"出来的平均数，吴老师采纳了；孩子们用书面语言诠释自己对分数的理解，吴老师也欣然接受了；对于本节课的"大估""小估"等名称，吴老师也给予了声声赞许，然而对于"约估算"和"升降法"吴老师却没有就此罢休，她鼓励学生创造名称，一句"没有把标准说出来"，便使学生感悟到了"四舍五入"这个名称的价值，实现了学生语言与课本语言的有效对接。

有的孩子说吴老师的课有魔力，让自己不愿下课。我想，这魔力之一就是对儿童语言的巧妙运用。吴老师脱下了数学"高傲"的外衣，还给学生一个平易近人的数学课堂。如此"大气"的课堂，来源于吴老师对数学的准确把握、对学生的深入了解以及对课堂的无痕驾驭，也展现了吴老师的儿童数学教育观——传授知识、启迪智慧、完善人格。

（北京市西城区黄城根小学　薛　铮）

感悟：教学的目的是让孩子们理解数学概念，而非重演成人的答案。因此，教师在课堂上的用语不应该过度书面、刻板。身为教师的我们应当适应甚至主动运用学生自己的语言，从而获得更好的教学效果。

"又矮又胖的"到底是什么?

今天我和吴老师一起听了两节课,课后进行的学生访谈给我留下了很深的印象。两节课上执教的老师均是以"又高又瘦"的饼干筒、薯片筒等作为学具,学生形成了观察"定势",而课后访谈的吴老师偏偏拿起一个"又矮又胖"的圆柱体模型走上讲台。我想:吴老师又将带给我们什么意想不到的收获呢?

吴老师走上讲台,"同学们,'又矮又胖'的这个是什么呀?"一年级的孩子困惑、思考,产生了不同意见——"是圆柱体!""不是圆柱体!"吴老师因势利导,引发学生争论:它到底是什么呢?

"不是,因为圆柱体的都是细细的、高高的!"大部分学生认可这个说法。

"你不同意,你有想法吗?你来问问他。"

"我觉得是圆柱体,因为它被压扁了!"

"同学们,那它们两个是什么?"吴老师把"又矮又胖"的教具和圆柱体学具放到一起。

"它们俩是亲戚!"

"你们说说,它们俩怎么

第一辑 教书·育人

又是亲戚了？"

"您看它们多相似呀，都有两个圆圆的面和一个弯曲的面。"

"那它们都可以叫圆柱体吗？"

"不可以，圆柱体都是高高的，它是胖胖的！"

"我觉得可以吧……"

"那你们可得好好说说了！"

这时访谈的气氛一下子活跃起来，学生们或是用理由来说明自己的见解，澄清认识；或是在说明看法的同时发现自己观点的问题与不足，进行修正……

反思我们的课堂，我们缺少了让学生发现问题的意识。记得美国著名学者布鲁巴克曾说过："最精湛的教学艺术，遵循的最高准则就是让学生自己提问题。"提出问题的前提是让学生发现问题，我们应该尽可能多地为学生提供丰富的学习资源，让学生在众多的资源中全面地看待问题，抽象出知识本质，同时也需要更多地关注学生在交往、互动过程中出现的问题。

回顾吴老师的课堂，吴老师在关注了知识本身的同时，更多地关注了学生思维的交流、碰撞。让学生在"辩"和"做"中抓住了数学的本质，在"辩"和"辩"中思维得到发展。"你们说说，它们俩怎么又是亲戚了？"看似很普通的一句话，却抓住了知识的生长点，学生在"辩"和"做"中找"依据"，加深了对知识更深层次的理解。同时，学生互相分享不同的学习方法、思维和实践方式，完善自我，积累学习经验，获得积极的情感体验，为后续学习打下了基础。这也真正体现了"学生才是数学学习的主人"这一课程理念。

"又矮又胖的到底是什么？"带给我们很多思考，课堂因为有了交流而充满活力。这其中，"辩"这种主动参与的教学方式，丰富了学生的学习形式，创造了充满生命灵动的"智慧"课堂。

（北京市大兴区教师进修学校　冯文凯）

感悟：吴老师的课堂充盈着问题，孙晓天教授这样评价吴老师的课堂："教的色彩很淡，'商量'的气氛很浓，'为什么'很多，留给学生的'空间'很大，这是一个容易使人产生亲切感的环境。"我们要鼓励学生质疑问难，鼓励学生大胆提出问题，使教学过程成为孩子们不断提出问题和解决问题的过程。

"送您回家不要钱"

　　天黑了，我们团队的燕山送教下乡活动才结束。上车后，吴老师抱歉地对司机说："谢谢您，师傅！让您久等了。""没事，没事，您的课讲得太好了，我感动得快要哭了。"司机一边说一边掏出个本子，说："吴老师，您能给我签个名吗？"吴老师爽快地答应了，写下这样一段话："司机师傅：感谢您和我一起走进孩子们的数学世界！您用心灵体验着孩子们的心灵，让我很是感动，为了孩子们，我们一起努力吧！"一路上，司机师傅都在与吴老师探讨教育问题。

　　虽然已是晚上九点多，超过用车计划的时间很久，司机师傅却执意要送吴

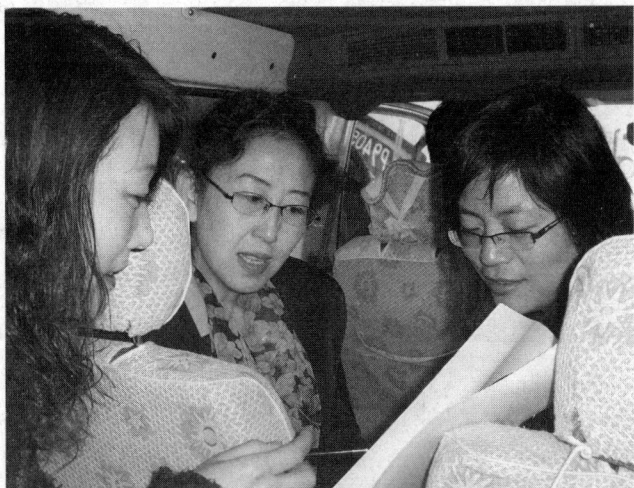

老师回家。"不给钱，我也愿意送您回家。"吴老师婉拒了师傅的好意，中途下了车。司机师傅继续送我们其他老师回家，他对我们说："全国有多少这样的老师？要是老师都能这样，犯罪的人得减少多少！她不仅是在教书，她是真正用心在教育人呀！我的孩子要是小时候能遇到吴老师该多好！应该让她多讲几场，教育更多的老师，今天，就是回家再晚，我都高兴……"

看着兴奋的司机师傅，出发时的场面不禁浮现在我眼前：上午 10 点半，我们相聚在北京市教科院，准备乘车前往燕山参加"吴正宪小学数学教师工作站燕山行"活动。坐上车，范存丽老师开始清点人数：有人堵在路上，也有人因学校临时有事走不开。于是，范老师说："师傅，咱们先去接个老师，就可以直接开往燕山了。""要接的那个人会不会也不去了，你问清楚了吗？"司机师傅怀疑地问了一句。"不会的，她是我们领导，她一定会去的。我们的活动可能要持续到下午五点。"范老师答道。司机师傅不太情愿地说："之前跟我说的可是四点结束啊！"司机师傅的个性有点倔，心情貌似也不太好。

我们都不知道后来司机师傅去听了吴老师的课，也没想到他会有这么大的触动。吴老师的课上到底发生了什么？让司机师傅发生了这么大的转变——从不愿多等，到无论多晚都要送吴老师回家。我不由得回想起吴老师执教的这堂《估算》的几个小片段。

片段 1：从学生提问开始

吴老师笑眯眯地走上讲台，亲切地问大家："同学们，这节课我们继续来研究估算。关于估算，学习过程中你碰到过什么困难，或者你还有什么问题、困惑，都可以提出来，今天我们一起来讨论好不好？"

学生们思考片刻，开始提问："为什么要学习估算？""估算是什么人发明创造的？""在什么时候估，什么时候不估？""有什么好的估算方法吗？"……

吴老师欣喜地看着孩子们，情不自禁地说："提得多好啊！我们就带着这些问题走进数学课堂，大家一起来研究。看看这节课结束的时候，你是不是对这些问题有了一点自己的想法。"

片段 2：估算方法多又多

当大屏幕上呈现出"曹冲称象"的故事情境时，吴老师说："这个故事大家

一定都很熟悉——曹冲称象。大象太重了，很难直接称出重量，大象被赶上船，曹冲在船上做了一个标记，看到这个红色的标记了吧？"看到自己喜欢的故事出现在屏幕上，孩子们可高兴了，"看到了！""把大象赶下去，把什么放上来？"吴老师继续问。"石头。""往船上装石头，当船再一次下沉到红色标记的时候，大象的质量和石头的质量就相等了。"孩子们已经迫不及待地喊了出来。

屏幕上出现曹冲称石头的画面，并出示六次称得的数据：328、346、307、377、398、352。吴老师问："你能估计一下这头大象有多重吗？用你自己的方法来估一估，把估的结果或算的过程写出来。"孩子们纷纷动笔写了起来。

吴老师边在学生中巡视，边请一些学生把自己的方法写在黑板上。几分钟过后，孩子们开始汇报自己的想法。

吴老师指着 300×6 这个算式，"这个方法谁写的？你是怎么想的？解释一下自己的思路。"一名男生勇敢地站起来，大声说："把它们都统一看成 300，一共有 6 个，就用 300 乘 6。""这头大象约重 1800 千克。明明每次称的结果都是 300 多，而这位同学却把这 6 个数都看成比它们小的 300，你们给这种估法起个名字吧。"孩子们很高兴，纷纷要求命名："估小""估少""小估"……"小估就小估吧！我们把这个同学的估算方法叫作'小估'。"吴老师边说边用红色的粉笔在该算式上面标记"小估"。

吴老师又指着 400×6 这个算式："这又是谁写的？说说你的思路。"一名学生起立说："我是统一都把它们看成是 400，结果是 2400 千克，往大了估。""那就叫你'大估'吧。"同学们又是一片笑声。

吴老师又指向 300×7："这位同学，你有什么想法吗？"一位文静的小姑娘站了起来："我先把这几个都往小了估，再把少看的那些看成是一个 300，就乘 7。"吴老师冲着这个小姑娘竖起了大拇指，赞叹地说："尽管说得断断续续，但你真的与众不同啊！我没想到这个 7 是这么来的，300 我知道了，6 我知道了，是 6 个 300，对不对？多的那个 1 是怎么回事？"

受这个小姑娘的启发，不知是谁在下面喊了起来："每个数都不是 300，把比300 多出来的凑在一起就差不多又是一个 300 了。"吴老师由衷地赞叹道："同学们，你们可真了不起啊！把多余的数凑在一起，差不多又是 1 个 300 了，再乘以7 就是 2100。在估算的过程中你们凑一凑，又调一调，因此整出了个与众不同的7 个 300。这个估法该叫什么啊？""凑调估"三个字跃然在黑板上，吴老师用红色的粉笔在该算式旁边画了个"☆"。

吴老师又看了看黑板上的内容，指着 300×3+400×3 问："这是谁写的？你是怎么想的？"一位小女孩儿站了起来："我看有 3 个接近 300 的，就写成是 300×3。"吴老师点点头，故作恍然大悟状："我明白了，有接近 300 的，有接近 400 的。那你是有的往小估，有的往大估。那就叫——""小大估。"不等吴老师说完，大家就已经给这种方法起好了名字。

吴老师又指向 350×6："快来说说这种方法吧。""先把它们都看成是 350，称了 6 次。"吴老师肯定地说："她可跟你们不一样。你们要么小估，要么大估，人家现在——""中估。"吴老师笑呵呵地说："中估也不错啊！"

吴老师指着黑板上的算式 330+350+300+380+400+350，说："328，接近 330，8 就向前进了 1；346，接近 350，个位上的 6 也向前一位进 1，用了什么方法？""四舍五入，凑整。""把每一个数都看成和它接近的整十或整百的数，用的是四舍五入法。"

最后，吴老师指着黑板上的一个算式，328+346+307+377+398+352=2108，问道："这是谁写的？说说你是怎么算的。""把这 6 个数一个一个加起来，最后得 2108 千克。这样算比他们算得要准确。"吴老师看看大家，说："同学们有什么想法吗？""这样计算虽然准确，但是算得太慢了。""这样计算虽然准确，但是太麻烦。这里只需知道大象大约有多重就可以了，精确计算没必要。"听了同学们的发言，这个孩子说："我还是觉得我的计算比他们的准确。"吴老师说："好，看来你还是坚持自己的想法。没关系，到底是估算好，还是准确计算好呢？我们慢慢体会。"

"刚才上课的时候大家问估算有什么方法啊，怎么估啊，我们一起来总结一下。"吴老师指着黑板上提炼出的基本方法，随着教鞭的移动，孩子们有序地读出：小估、大估、中估、小大估、四舍五入估、凑调估。

片段 3：畅所欲言谈感受

临近下课，吴老师说："刚上课的时候，同学们提出了那么多关于估算的问题，通过今天的课你们能找到答案吗？"

"我现在明白生活中可以用到估算，比如说在购物或是分东西的时候。""估算真神奇！能把一个复杂的数估成多种不同的数，方法不同，但估的结果都差不多，而且又能变得很快速。""我觉得估算特别奇妙，能解决我们生活中的实际问题，而且我们都得灵活巧用。"吴老师鼓励道："灵活巧用就是智慧，你的感悟很深刻！我们都来做充满智慧的孩子。"

坚持用精算的那个孩子突然站了起来，表明观点："估算有好处，但是也不能什么事都估算啊。我觉得一些人命关天的事，还是精算好。"

吴老师由衷地赞道："你说得真对，我赞同你的观点。像人命关天的大事是一就是一，是二就是二，该精还得精。但有时候不需要准确计算，估一估就可以了，何必去精算呢？同意吗？什么时候该精什么时候该估，自己要学会选择和调整。经验需要慢慢地积累。"

40分钟的数学课，像磁铁那样把每一个孩子的心紧紧地吸在了一起，孩子们觉得数学课很好玩。下课的铃声响了，孩子们不愿意下课，请求吴老师再给他们上一节课……

从这些小片段中，我们看到了最真实的吴老师。正是在这些小片段中，藏有吴老师感动孩子们，感动偶然听课的司机师傅的秘密。

（北京市东城区灯市口小学　宋燕晖）

> 感悟：领悟"估算"的价值没有依赖教师刻意的引入和教授，全靠学生亲力亲为，是学生发自内心的一种感悟，整个教学过程水到渠成，润物无声。课堂的真情不仅仅感染了学生、听课的教师，也深深地感动了司机师傅。

"吴老师，下次您一定要再来啊"

粗粗算来，从踏上讲台至今，已经有 17 个春秋，曾获得多种荣誉称号，自以为亦可对得起"人类灵魂的工程师"这个头衔了。但 2013 年 6 月 13 日听了吴正宪老师的一节观摩课后，我改变了想法，甚至感觉愧疚难当。

那一天是吴老师给我们班的学生上课。其中一个环节是请学生上台回答问题。只见吴老师用手示意边上坐着的李凯宁："请这位同学走到我这里来。"当时我就打了一个激灵："吴老师要干什么啊？怎么正好叫了他呢？他会不会因为紧张大声叫呢？如果他一言不发，吴老师怎么下台啊？"我的心紧紧地揪着。这时不光是我，全场的老师都替吴老师捏了一把汗——因为大家都知道这个孩子的特殊性。李凯宁从一年级来到我们班，就表现出其"与众不同"：他从来也不与同学、老师交流，后来经过我长期的努力，他慢慢开始接受我了，喊他的时候也有反应了，学习也能跟得上了，他父母非常高兴。但在三年级的时候，他似乎又"旧病复发"起来，不仅如此，偶尔他还会在上课时发出一些奇怪的声音，开始时是他的嗓子难受，后来家长告诉我，发现孩子有多动症、抑郁症。为此家长跑遍了全国大小医院，但他不仅没有好转，相反病情越来越严重，后来每天来到教室就是倒头大睡。但今天，在吴老师的循循善诱下，孩子面对可亲可敬的吴老师，没有一点紧张。

在孩子讲出错误的答案后，吴老师没有指责与批评，仅仅一句简单的幽默的话，就让李凯宁放松下来，没有平时犯病后的症状——放声大叫，而是渐渐地越来越有兴趣。我那颗悬着的心落了下来，全场的老师也为此松了一口气。吴老师在问他问题的时候一直在鼓励他，正是吴老师的爱心让孩子体会到课堂的宽松。吴老师在课堂上尊重孩子，这样才使得孩子超常发挥。这节课上，李凯宁一反常态，他的坐姿非常端正，听课也很认真。在课堂结束时，吴老师问："快要下课了，你们有什么想说的吗？"只见李凯宁抢着站了起来，说了一句："为什么喜欢的课堂时间会过得这么快呢？"当吴老师站在门口一个个送孩子们离开的时候，李凯宁还恋恋不舍地说："吴老师，下次您一定要再来啊！"

"为什么喜欢的课堂时间会过得这么快呢？"这出自那个一上数学课就埋头大睡的李凯宁的嘴里吗？还有最后他对吴老师的依恋之情，这都令我诧异，这一切都让我真实地感觉到我们与名师的差距！孩子跟我学习已经四年了，虽然在这期间，孩子和家长都很认可我，但我在课堂上很少能激发出孩子的学习兴趣，甚至在家长提出不记孩子成绩时，我也就渐渐地忽略了他，认为他对学习没有兴趣与他的身体状况有关。可万万没有想到，吴正宪老师竟然在短短的 40 分钟内就和孩子们建立了浓厚的感情。究竟是什么打动了这些孩子？当然有吴老师的教学艺术，但更重要的是，吴老师那颗爱孩子的心。这颗爱心，充满了尊重、理解、信任、宽容，这颗爱心同时又是一颗童心。爱心和童心，让这堂数学课洋溢着浓浓的人情味！

课后我专门找到李凯宁，想了解他的真实想法。"这节课很有趣，老师很和蔼，我喜欢！"短短的一句话，表达了孩子的心声。原来孩子上课睡觉不是因为疾病，而是对课堂的兴趣不高，而我，自认为还不错的优秀教师，却在课堂中对他"放任自流"。我哪里还称得上是优秀教师，简直就是"毁"人不倦啊！

在第二天的数学课上，我惊奇地发现李凯宁不仅没有睡觉，而且还积极举手回答问题，这又一次让我陷入了深思。从踏上讲台那一天起，我也是胸怀远大的理想、远大的抱负，也一直向着成为一名优秀的教师而努力。总觉得自己已经差不多了，直到现在才明白，我们欠缺了吴老师博大的爱心，离真正的教育还有距离。

听过好几次吴正宪老师的数学观摩课，但总是常听常新，每次都有不同的感悟。一个受孩子衷心爱戴的老师，一定是一个富有人情味的人。离开了情感，一切教育都无从谈起。我从吴老师这堂小学数学课上，感受到一种情感的魅力与美丽，也正是吴正宪老师，用爱心敲开了孩子的心灵天窗。当然，在吴正宪老师的指导下，一定会有更多充满爱心的优秀教师加入到这个阵营里来，为祖国的未来增添一抹光彩。

（北京新学道临川学校国际部　宋　虹）

感悟：教师对学生的爱可以化作一个淳朴的微笑、一句真诚的鼓励，让每一个孩子都能抬起头来走路，让每一个孩子都扬起自信的风帆，不让任何一个孩子扮演"失败的角色"。

一个乘法算式问出了乘法的意义

       吴老师：我的问题比较简单，不许说出来，拿起笔记在你的练习本上。这是什么？

       生：5×4。

       师：你就写出5乘4等于几。写不出来没有关系，没学呢！

       生：5×4=21。

       生：5×4=20。

       师：有的认为是21，有的认为是20，到底等于几呢？还有没想出来的，别着急，慢慢想。我就留一个作业，看着5×4这个算式，回家讲个故事好吗？

       ……

"5×4=？"听着课后访谈中孩子们给出的乘法算式结果，我的心头猛然一惊：醉翁之意不在酒！吴老师的问题不仅仅是考查学生知不知道乘法算式的结果那么简单。从孩子们困惑的小脸上，不自信的答案上，我蓦然醒悟，孩子们虽然已经知道相同加数相加可以改写成乘法算式，也体会到了乘法的实用性和便捷性，但很大程度上是在简单地模仿，还没有真正理解乘法的意义——乘法就是在做加法的事情。

       我的问题究竟出在哪儿？我快速回顾课中的教学环节：

55

　　为了让学生深刻体会乘法和加法的联系，感知乘法产生的必要性，我为学生精心创设了有趣的故事情境——买卖国的数学问题。通过故事的讲述，让学生体会一个一个数的麻烦，数物品个数时还可以几个几个地数，数数的结果能用相同加数连加的算式来表示。通过巧妙出示 30 串秋刀鱼的图片，让学生直观感受到"在相同加数的个数比较多时，无论写算式还是计算都显得麻烦"，为了追求算式的简洁，激起学生产生一种新的学习需求——有没有一种省时又省力的简便记法呢？由此，在这一类特殊的加法算式的基础上很自然地引出乘法算式。我努力做到了一上课就紧紧地抓住学生的注意力，激起学生探究兴趣，很快进入"最佳学习状态"。从课上孩子们的反应及课后访谈来看，这样的故事情境设计，确实有效沟通了乘法与加法的内在联系，使学生体会到了用乘法表示的便捷和必要。

　　在新知学习环节，考虑到一年级的孩子第一次接触乘法，之前几乎没有任何认知基础，我采用了讲授法，虽是讲授，但一直力图借助富有童趣的语言启发学生思考，让学生在认真倾听中理解乘法算式的含义。如，通过"×"的自我介绍，让孩子们感受乘号的神奇本领——只要遇到相同加数相加的算式，不管它有多长，都能瞬间变短；组织学生将乘法算式与相应的连加算式进行对比，"找一找，乘法算式中的 6、5 分别藏在加法中的哪里？""明明加法算式中的加数都是5，为什么改写后的乘法算式中却出现了 3、4、6？"

　　一个个的小问题，其实也是在不断沟通加法与乘法之间的联系。可为什么当吴老师追问"5×4=？"时，只有少数孩子想到利用加法来计算乘法呢？

　　看着教学目标中"会正确地读写乘法算式，知道算式中各部分的名称"，我恍然大悟，原来，在执教过程中我担心时间不够用，怕拖堂，随机作了调整，删除了"介绍乘法各部分名称"这一环节。心想，既然把这一内容放在第二课时，乘法算式的结果即便不呈现也影响不大，所以，也就删除了事先课中所设计的"6×5 或 5×6 的结果应该是多少呢？你是怎么知道的？"真没有想到，删除这样一个小问题，竟然错失了让学生进一步感知加法与乘法之间密切联系的机会，让学生真正领悟"5+5+5+5+5+5、6×5、5×6 这三个算式其实在做同一件事情，都可以表示'6 个 5 相加'"。当然，后来布置的课后作业，让学生回家讲"5×4"的故事，估计也会因为没有很好地沟通乘法与加法的关系而让不少学生感到困扰。教学目标中所提到的"让学生用乘法的眼光观察生活，解决生活中的数学问题，体会乘法的实用性"也将成为空谈。

带着这些遗憾，我用心倾听了宋燕晖老师执教的同一节课：她和孩子们之间轻松地交流、对话，让学生在"抱团打天下"的游戏中初步感知"几个几"，带着愉悦的心情快速进入课堂；她对每一个孩子都投入爱和关注；她俯下身子，静心倾听每一位孩子的发言，即便是错误的答案，也不随便打断；她注重培养学生终身受用的习惯——让学生学会合作交流，让学生自己发现问题、提出问题、解决问题……这些都让我欣赏、感动。

我更惊叹于她对教材的整体把握，一个个针对性问题的设计使得游乐园情境图的运用是如此的巧妙、充分："仔细观察每架小飞机里有几位小朋友？有几架小飞机？你能提出什么问题？""你是怎么解决小飞机里有多少人的？""你能用解决小飞机的方法去解决其他问题吗？""观察 3+3+3+2=11、3+3+3+3+3=15、6+6+6+6=24，一样吗？哪儿不一样？什么样的加法算式可以用几个几来表示？""$7×2$ 中的'2'表示什么？能不能在图中找一找？在加法算式中找一找？'7'在哪儿呢？算式中能找到它吗？"孩子们在宋老师的一步步启发引导中，在"找一找""圈一圈"的直观感知中，在"摆一摆""讲一讲"等一个个有趣的活动中，知道了乘法算式中每个数所表示的意思，理解了 2+2+2+2+2+2+2=14、$7×2=14$、$2×7=14$ 这三个算式表示的意思是一样的，都表示 7 个 2 相加，只是形式不一样。这样的教学真正沟通了乘法与加法的关系。

在宋老师朴实、扎实、灵动的课堂中，我找到了自己的不足。回过头来反思自己的课堂教学，并不仅仅是删除了一个小环节这么简单，暴露出来的恰恰是我对新课程标准及教材整体把握的欠缺。"$5×4=？$"吴老师的一个乘法算式问出了乘法意义教学的本质，问出了精彩背后的不足，问出了努力前行的方向，更问出了追求卓越的动力。真的是听吴老师一席话，胜读十年书！

（河南省驻马店第二实验小学　徐海燕）

感悟：在构建课堂教学环节时，应当注意每一个环节、每一个问题背后对应的知识点与设置意义。通过一个个看似细微实则意义重大的取舍，可以体现出教师对教材整体把握的程度。

"脱掉马甲，我也认识你"

2013 年 6 月 23 日上午，我在学校电教中心聆听了吴正宪老师的《方程》一课，被深深地吸引了，吴老师亲切、幽默、智慧地引导学生透过现象看本质，追求回归数学本质。孩子们在愉悦的气氛中学会了知识，并呈现出生气勃勃的主动学习状态。

师：（拿着"30+ □ =50"的卡片）它是方程吗？

（生有同意的，有不同意的）

师：不同意的请举手！你认为什么是方程？

生 1：方程要含有未知数，它没有未知数。

师：说得挺好，未知数在哪里？

生 2：（问生 1）这个□表示什么？

生 1：这只是个填空题。

生 2：这个数知道不知道？

生 1：不知道。

生 3：（迫不及待地）不知道，不就是未知数吗？既然是等式又含有未知数，为什么不是方程？

师：（对生 1）你的意思是，只要是方程，就得是这样的对吗？（师指着 30+x=50，180+x=300）我告诉同学们，这个未知数，它穿上了 x

的外衣，把它脱掉，它是谁？

生：（齐答）未知数。

师：它穿上了图形的外衣，把它脱掉，它是谁？

生：（齐答）未知数。

师：它穿上了"（　）"的外衣，脱掉它，它是谁？

生：（齐答）未知数。

师：（风趣幽默地对生 1）脱掉马甲，我也认识你。

师：（拿着"30+ □ =50"的卡片问生 1）把它放在哪里合适？

生 1：放到方程一组中去。

……

"方程"是一个非常重要的数学概念和数学模型，也是教师长期关注和研究的重要话题。在吴老师的这节课中，我们看到老师引导孩子们深刻地理解概念的内涵，本质的意义，做好从形式的定义到研究本质问题的过渡。

方程是什么？小学数学教材中说"含有未知数的等式叫做方程"，让学生记住这句话，应该不是一件难事，但是真正建立方程思想却需要一个漫长的体验、理解、感悟的过程。学生往往片面地认为含有字母的等式才是方程，于是他们去找字母、找等号，难道未知数等同于字母吗？

"苹果质量 +80=300，30+ □ =50，这些就不是方程了吗？式子中的'文字''符号'都是学生在接受用字母表示数之前很重要的认知基础，学生为什么在学习方程时，更多地偏于字母呢？是因为学生的认知已经达到更高的抽象层面了吗？不是！从这里推断学生对用字母表示数的理解还较片面，他们对代数思想没有达到较深刻的理解，于是学生在一些情境中从数量关系转向方程，自然会显得困难。方程的建模要通过运用数字、字母和等式等数学工具建立方程模型，并用此模型解决现实问题。"

在上述片段中，我们看到吴老师引导学生一层层地"剥出"方程。虽然在心里已经算出来了"□"表示哪个数，但在这个式子中，它是一个未知数。不管是以什么形式出现，它代表的都是未知数。吴老师用风趣幽默、富有智慧的语言揭开了方程的本质，使学生轻松愉快地完成了数学模型的建构。

在我们的教学实践中，我认为也应该像吴老师那样巧妙设置"马甲"，即创造认知冲突，在思维的碰撞中，我们可以看到学生越辩越明，能达到"脱掉马甲，我也认识你"的境地，这样的教学无疑是需要功夫的。

比如，在教学一年级《认识图形》时，孩子们通过找身边物体的形状，观察、总结它们的特点，在心中建立了形状模型，再通过分析判断，明白了图形的特征与放置的位置无关。因此这些形状无论是横着放、竖着放，还是斜着放，他们都能够准确辨认。

同样是一年级，在解决问题教学中有"求总数用加法"的内容，如"妈妈吃了 15 个饺子，爸爸吃了 20 个饺子，他们一共吃了多少个饺子"，孩子们对于这类问题，能马上想到"求总数用加法"，但如若遇到"有一盘饺子，吃了 15 个，还剩 10 个，这盘饺子原来有多少个？"这样的问题，却总有一些学生列减法。想一想，它们都是在求总数，只不过一个是求"现在的总数"，一个是求"以前的总数"，"穿着马甲"它求的还是"总数"。

五年级下册讲"因数和倍数"时，也可以给因数穿上马甲。如：(1) 24 的因数有哪些？(2) 哪些数能整除 24？(3) 24 是哪些数的倍数？(4) 24 能被哪些数整除？用以上几种说法，让学生辨析，使学生不只习惯于解答标准叙述形式的题目，而且对"穿着标准外衣"的叙述而造成的非本质属性的干扰能有效排除，"穿着马甲，我也认识你"，这样学生对所学知识的理解就更深了，知道了不管采用何种说法，因数的本质始终恒在。

数学教学中类似的例子还有很多，只有准确把握模型思想，巧妙设计"马甲"，才能让学生做到"脱掉马甲，我也认识你"，从而完成数学建模，并用数学模型所提供的数学方法来解决现实中的问题。

（王　柯）

感悟："马甲"是学生面对较以往经验更为抽象的问题时，教师有意设置的思维干扰项。引领学生在不同的叙述方式下回答问题，做到"脱掉马甲，我也认识你"，这样就能够帮助学生更好地认识所学知识的本质。

课堂里的"一波三折"

往平静的湖面投入一粒小石子，便会荡起层层涟漪，让人产生无限的遐想。课堂亦然。在我们上课或是听课的过程中，会发现有的课堂高潮迭起，学生思维活跃；有的课堂平淡无奇，学生被动接受。当我们走进吴正宪老师的课堂，总会发现：她总能最大程度地激发学生的学习兴趣，使其思维始终处于兴奋之中，看似平静的数学课总会变得"一波三折"。

怎样让平静的课堂泛起美丽的涟漪，让思维的涟漪一波接一波的迭起呢？曾记得吴老师说过："教学的艺术就是要创造一个个认知冲突，使学生自然进入不

愤不启、不悱不发的境界。"

何为认知冲突？就是当个体意识到个人认知结构与环境或是个人认知结构内部不同成分之间的不一致所形成的状态。认知冲突会激起学生激烈的思维振荡，引发学生学习需要的不平衡，情感领域会生成一种强烈的乐于学习、主动参与探索、渴求获取问题解决办法的心理倾向，从而激发学生思维，调动学生的学习积极性。在教学中，如何促成学生的认知冲突，形成"心求通而未达，口欲言而未能"的状态呢？

我有幸观摩了吴正宪老师《分数的初步认识》一课。

在新知探究后，屏幕出示智慧人："把一个圆分成两份，每份一定是这个圆的二分之一，对吗？"话音刚落，全班同学已经分成两个阵营，有举"√"的，有举"×"的。面对学生的不同答案，吴老师没有裁决，而是让持不同意见的双方各推荐两名代表与同学商量后再发表意见。经过准备，小小辩论会开始了。

正方代表把手中的圆平均分成两份，问道："我是不是把这个圆分成了两份？"

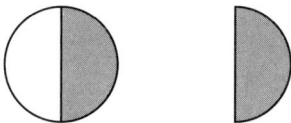

反方代表点头应答："是。"

正方举起其中的半个圆，问："这份是不是这个圆的二分之一？"

反方："是。"

正方当然不让："既然是二分之一，为什么不同意这种说法？"

只见反方代表随意从圆形纸片上撕下一块纸片，高举着分得的两部分大声问："这是分成两份吗？"

正方连忙回答："是。"

反方接着把这小小的一份举在面前，用挑战的口吻问："难道这也是圆的二分之一吗？"

正方的底气已经不那么足了，小声说了声："不是。"

反方继续问："既然不是二分之一，为什么你要同意这种说法呢？"

正方服气地点了点头，不好意思地站到了反方的队伍中。

最后大家的思维落到了智慧人的问题上来，原来他没有说"平均分"。

理解"平均分"是学生建立分数意义的重要基础之一，吴老师对这一概念的建立并没有采取正强化的方式，而是以判断的形式出现。一道判断题就仿佛是扔到湖中的一粒石子，让湖面泛起涟漪。在学生判断出现分歧时，吴老师巧妙地采用让学生辩论的方式解决问题，既尊重了学生的独特体验，又正确引导了学生的思维，还培养了学生的多种能力，而道理则越辩越明。从始至终，吴老师只借智慧人的嘴讲了一句话而已。教师真正把学生推到了学习主人的位置，教师的语言起到推波助澜的作用。

在教学过程中，教师要根据认知过程中的矛盾和冲突的特点，把这种矛盾和冲突恰当地展示在学生面前，产生一个个问题情境，激起学生求知探究的欲望，调动相关的知识，努力探究解决疑难的途径、方法，从而提高学生分析问题和解决问题的能力。教师在引发学生认知冲突时，要准确把握学生已有的知识水平，并善于寻找已知与发展已知的连接点，巧妙设置，过难了，学生百思不得其解，久而久之会失去学习兴趣，过易了，则调动不起学生的学习积极性。因此，这一粒"小石子"的适时、适度出现是至关重要的！

（北京市朝阳区芳草地国际学校远洋小学　王　蕙）

感悟：当学习者发现不能用头脑中已有的知识来解释一个新问题或发现新知识与头脑中已有的知识相悖，就会产生"认知失衡"。学习就是在"建立平衡—打破平衡—再建立平衡—再打破平衡"中循环往复的。好教师就是好的引导者，通过巧妙设置，引发学生的认知冲突，调动学生的学习积极性，将思维引入深刻。

第一辑

教书·育人

63

"学生的潜力大着呢！"

《鸡兔同笼》一课，在不同年级、不同地域的学校，我都讲过，也尝试过不同的教学方法，今天吴老师来听我的课，心里特别高兴。

面对农村三年级的孩子，我借助数学文化氛围（《孙子算经》中的鸡兔同笼问题），让学生在浓浓的数学情境中开始数学学习。学生的探究学习活动分为模拟操作—画图—计算解决三个部分。学生紧紧围绕研究课题（鸡和兔共有 8 只，足共有 26 条，鸡兔各有多少只？）认真思考，在问题解决的过程中互动交流，分享解决问题的数学思想与策略。

学生利用模拟操作、画图的策略解决了一个个问题，但其中也发生了许多不曾预料的、值得深思的故事。

面对新的问题：当鸡和兔的总数目很多时，怎么办？学生很有感触："模拟操作和画图显得不太好用了。"

"太麻烦了。"

"如果有一种计算的方法，多大的数就都不怕了！"……

此时的学生，急需拥有鸡兔同笼的计算方法，可以说，这一环节的设置已经把他们"逼上了探究计算方法的梁山"！我顺势引导学生："你们想知道我们的古人是怎样解决的吗？"紧接着出示知识窗：上置头，下置足。半其足，以头除（注：减）足，以足除头，即得。我先让学生解释这句话的意思，并放手让他们尝试着用一用，解决上面的问题。学生们开始低头演算……

忽然，一只小手犹豫着举了起来，我快步走到他跟前，还没来得及问明情况，这位同学便小声而急促地说："老师，这句话的意思挺明白的，可是算起来，我怎么不会呀？"尽管他的声音很小，可还是被一些同学听到了，他们也点头附和着。

课上到这里，停滞了……

我停下来和学生共同探讨，渐渐地，一些学生明白了，若有所思地点头了。可此时，离下课的时间也渐渐近了……

下课了，吴老师和我进行了交流。

"我有个想法，你能不能放手让学生自己试一试，要充分相信学生。"

我说："吴老师，我也想过，可我不敢，也没干过！"

吴老师说："那有什么不敢的，不妨试试看，说不定会有意外的发现呢。"

后来，我进行了新的教学尝试，学生面对全新的问题，安静了。这时，我说："这个问题，是我讲呢，还是你们试着自己研究呢？你们自己选吧。"结果，学生选择自己研究。一位同学说："还没试过呢，万一试试成了呢。"我说："那好，你们自己试试吧。"学生不再是平时安静的样子了，他们充满激情，讨论、争辩，最后，尝试多种方法解决了问题。学生们因兴奋而涨红了脸，他们会心地笑着。

"哟，没试过，你怎么知道他们这么厉害！""学生的潜力大着呢！"吴老师的话还在耳边萦绕，一节节生动的现场课又在眼前闪过。我们能陪孩子走多远？我们的教学又能把孩子送多远？是像喂养婴儿般把知识"嚼碎了喂""抱着他们走"，还是让学生充分参与到学习活动中，真正理解和掌握基本的数学知识与技能、数学思想和方法，获得广泛的数学活动经验？吴老师为我指明了方向。学生多角度地获得经验，不断提升用已有知识探索解决问题的能力，不断获得成功体验，这才是给予他们的宝贵财富。

（北京市大兴区教师进修学校　冯文凯）

感悟：在教学活动中，教师要敢于放手，相信学生，相信他们的潜能，鼓励他们去探索新的方法与知识。这样不仅能提升他们的学习积极性，更能培养他们的自主学习能力，这种能力会让学生终身受益。

"换汤不换药"

吴老师的课堂上，学生之间总是能够自然地互动，教师和学生的交流也是那么的自然，这种状态令多少人羡慕，但又总是让人觉得无法复制。在《比例尺的应用》一课的教学中，无意间，我也感受到了什么叫师生互动的灵动的课堂。

大峪一小校园平面图

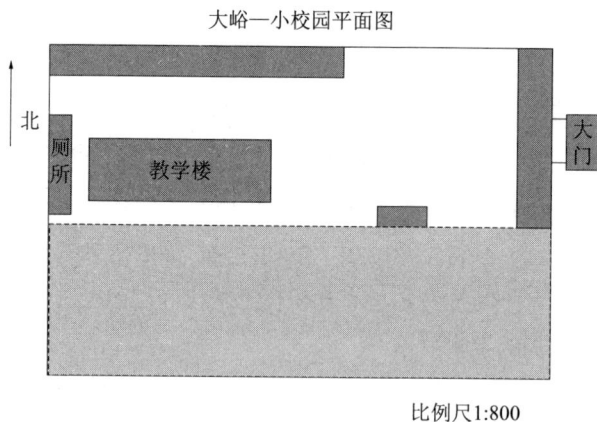

比例尺1:800

本节课是在学生认识了比例尺，理解图上距离和实际距离之间的关系之后进行教学的一部分内容。课堂上利用学校在改造中将向南延长一部分这件事引入，学生特别感兴趣，提出了3个问题：学校将向南延长多少米？新校园的面积有多大？新校园那么大了怎么规划？

在解决第二个问题时，学生量出新校园平面图的长和宽分别是15厘米、

12.5 厘米。在利用平面图计算新校园的总面积时，课堂上出现了 4 种做法。

① $12.5 \times 15 \times 800$

② $(12.5 \times 800) \times (15 \times 800)$

③ $12.5 \times 15 \div \dfrac{1}{800}$

④ $12.5 \div \dfrac{1}{800} \times (15 \div \dfrac{1}{800})$

对此，孩子们展开了争论。

生 1：用图上的长 $\times 800$，得到实际的长，用图上的面积 $\times 800$，得到实际的面积。

生 2：有道理，我觉得这样挺简单。

生 3：②、④做法一样，都是求出实际的长和宽，再求实际的面积。①、③没求实际的长和宽。

生 4：比例尺表示的不就是实际的是图上的 800 倍吗？

前面的 3 位同学同意这位同学的发言，大家纷纷点头。这下可坏了，刚才做对的同学被做错的同学说服了。我有些着急，按照一般的做法，此时应该安排小组讨论，学生们总会讨论出正确答案吧。我下意识地看了一眼吴老师。只见听课的吴老师兴致勃勃，微笑地看着学生们。如果上课的是吴老师，她会怎么做？她一定会满脸笑容，站到孩子们中间，认真地听他们说。我回过神来，也学着吴老师的样子，微笑地看着孩子们。

课堂上出现了片刻的寂静，我自言自语地说："原来都可以呀？"

突然，一个学生高高举起了手说："我要提醒大家，比例尺表示的是图上距离与实际距离的比，是长度的比，不是面积的比。"

"噢——"

"对，如果要用这个比来计算实际面积的话，就要用图上的面积除以 $\dfrac{1}{800}$ 的平方。"孩子兴奋地说，"实际面积＝图上面积 $\div \left(\dfrac{1}{800}\right)^2$。"

"我还发现一点，①、③计算出来的结果是 15，这怎么可能是新学校的面积？"孩子们定睛一看，果然如此，大家脸上露出了会心的笑容。

我和学生们都带着说不出的欣喜结束了本节课。

"如果我们也像刘老师这样上课，练习题什么时候做？困难生什么时候辅导？……"当我还停留在与学生思维碰撞的喜悦中时，听课的老师中就有很多人提出了这样的疑问。

我无助地愣在那里，不知该如何解释同行们提出的问题。

吴老师站在老师们中间，微笑地看着大家："老师们提出的问题非常实际，我们教师就是为学生服务的，就是要提高学生的能力。别着急，我们先听听孩子们的感受好吗？"会场上顿时安静了下来。

吴老师饶有兴致地走到学生中间，进行了课后访谈，她故意对学生说道："今天这节课学习方法上有点问题，比如今天让文波老师讲给你们听就行了呗。怎么来求呢？根据图上距离比实际距离等于比例尺的关系，求图距，就等于实距乘比例尺，实距等于图距除以比例尺，这就是三量关系。那老师让你们记住三量关系，讲讲不是就可以了吗？然后再多练几个。可今天非让你们自己先试试，结果你们还出错，要是我，我就不这样上，就让你们大量地练习。"

生1：如果老师告诉关系式，我有一天会忘记，如果自己钻研的话，忘了还能再造出来。

生2：（意味深长地）数学知识其实就是换汤不换药。掌握研究方法最重要。用身边的事情研究，有了兴趣，再经历研究的过程就能真正理解知识，才能得心应手地来应用。

生3：学知识不能学死了，方法不是唯一的，关系式可以自己重新创造一个。没准比书上的还好呢！（全场报以热烈的掌声）

生4：通过争论我们不仅知道了比例尺的含义，还知道了如何应用图上面积计算实际面积，而且——我还想到——要是做一个学校的模型的话，比如教学楼，它的体积应该用模型体积乘（$\frac{1}{800}$）^{3}。

生5：通过今天的争论，我觉得结合实际验证结果对不对太重要了。

吴老师：以前老师没提过吗？

生6：提过，但是我根本没当回事。

会场上老师们一片感慨："一小的学生真会思考！"……

吴老师站在老师们中间，诚恳地说："感谢曾经教过这个班的老师们，感谢你们能够让孩子们畅所欲言。也感谢老师们能够质疑，让我们有机会倾听孩子们的心声，让我们真的从学生的角度去思考和分析问题。"老师们沉默了，吴老师的诚恳、智慧、率真引发了在场的每一位教师的思考。

经常会听到这样的抱怨："我们班的学生解题能力特别差，难一点就不会，有陷阱就往里跳。""我们班的学生特别不爱思考，我一不留意出现口误，别打算有人给你指出来。""我们班的学生，公式不知道要默写多少遍，还是记不住。"我们是否可以换角度想一想，学生为什么会这样呢？是否与自己的教学水平有关？不思考，能力就会下降，时间长了，麻木了，对教育的激情也就消失了。抱怨、发脾气、以练代讲，孩子和老师一起进入了痛苦的循环之中。

吴老师对学生的爱表现在她对学生的信任，对学生的尊重。学生不是没有思想的容器，他们是活生生的人。课堂上我们倾听学生的发言，思维碰撞出了智慧的火花；课后倾听学生的心声，解开了老师们的心结。

（北京市门头沟区大峪第一小学　刘文波）

感悟:《义务教育数学课程标准（2011年版）》中提到：数学课程内容的选择要贴近学生的实际，有利于学会体验与理解，思考与探索。正是课堂中学生遇到的问题，展开的争论，产生的疑问，促使学生经历了这样的过程。"数学知识其实就是换汤不换药，掌握方法更重要。"这样切身的感受就是在这种看似不那么"顺利"的课堂上感悟到的。

"你不妨去找几个学生问问"

再过三天，我就要去参加"第三届小学教育专业委员会课堂教学现场交流"。可是，今天的试讲却出了问题。我执教的内容是三年级的《周长》，上次试讲由于准备仓促，课前在给学生的学具中少发了一根红线。操作活动过半我才想起，只好作罢。今天我做了充分的准备，每个学具袋中均装有一根红线及不同的图形卡片。在学生建立了周长的概念，进入探索得到周长的策略这个环节时，我请学生利用学具，想办法得到下列图形的周长（取整厘米数）。

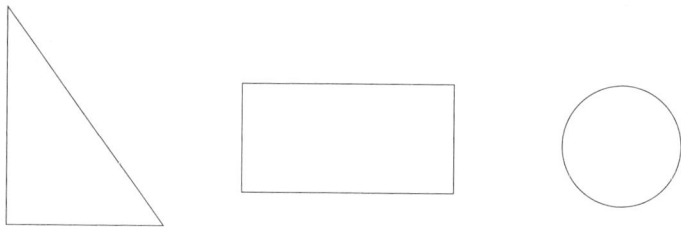

学生打开学具袋，对这根红线产生了浓厚的兴趣，拿着红线围围三角形纸片，又围围长方形纸片，尽管他们小心翼翼地操作着，还是很不稳，线总在滑动，我看着心里直起急，活动比我预计的时间多出了一倍。在介绍如何得到圆形周长的方法时，只有个别学生说出："用线先围一围，再把它拉直，量线的长度。"我一再启发：还有不同的方法吗？他们一脸茫然地看着我，摇摇头说没了。

昨天，由于我的疏忽，忘记了发红线，学生竟然想出了两种测量圆周长的办法：一是用手中的作业纸将圆先围一围，再把作业纸打开拉直，量纸的长度。二是在圆片上做一个记号，并把这个记号对准直尺的零刻度线，再沿着直尺滚一圈，然后看滚到哪里，读出那里的刻度就是圆的周长。今天，学具倒是齐全了，学生的思维却被限制住了。问题到底出在哪儿？我该怎么办？

带着困惑我拨通了吴老师的电话，她耐心地听了我的描述后说："你敢于放手让学生去做，这很好。"得到吴老师的肯定，我的心稍稍平静了一些，"可是并没有收到预想的效果。"我答道。"你想要什么？"吴老师问。"我想让他们用尺子去测三角形及长方形的周长，能出现滚动及绕线两种测圆的周长的方法。"我把预设和盘托出。吴老师笑了："学具不全，却实现了你的想法。学具备齐了，却耗时，而且方法也少。你不妨去找几个学生问问，他们为什么不用尺子？在没有红线的情况下他们是怎样想的？拿到红线后他们又是怎样做的？相信你一定能想出解决的办法。"

我回到教室找来几个学生，问道："用尺子测量三角形及长方形的周长多方便呀，你们怎么非要用那根红线呢？"一个孩子马上说："可是学具袋中没有尺子呀！"原来，他们不认为自己的尺子是学具，只用了我提供的学具袋。

"昨天上课，老师忘记发红线了，你们想出了两种测量圆的周长的办法，真了不起。能说说当时你们的想法吗？"一名学生说："开始测量圆的周长时，我们遇到了困难，不知道怎么办，当听您说能不能想办法解决这个困难时，我们就知道肯定有办法，发现长方形纸能卷出个圆……"看来，当条件有限时，人的潜力是不可估量的。

操作材料的选择如何做到更有效和科学呢？通过对学生的调研，我认识到：第一，操作材料要有一般性，避免特殊性。一般了，才有说服力；特殊了，不利于培养学生的逻辑思维能力。第二，材料要有开放性，即多样性。开放的材料能最大限度地发挥学生的思维，不会限制学生思维的发散。第三，材料要有指向性。学生课堂中的探究发现不同于科学家的探究发现，要花很多的时间和精力，材料要有目的性和针对性。

找到问题的症结后，我为学生精心准备了三组操作材料。三组共有的是一把直尺、三角形、长方形纸片各一张及一个圆形塑料片。不同的是，有的组有一根红线，有的组有一段细纸条，有的组只有共有的材料。

上课那天，我把学具随机发给了学生，并且告诉他们：为了研究方便，老师

第一辑

教书·育人

为你们准备了学具，每个组的学具不完全相同，请你们想办法利用手中的学具得到这三个图形的周长。学生很快用直尺测量得到了三角形及长方形的周长分别是12厘米。这时，一名学生迫不及待地说："老师，我不是量出三条边的。我用线沿着三角形的边绕了一圈，再看看线有多长就行了。"他边说边拿起学具比划着，有的学生看懂了点点头。坐在前排的一个小男孩喊道："我有办法了，可惜我没有线。""快说说你的想法。""要是我能有线在圆上围一下，我也能知道这个圆的周长了。"男孩解释道，更多的学生微笑表示赞同。"老师，我们组没有线，用圆片上的小苹果把儿对准尺子的零刻度线，再沿着尺子滚到苹果把儿，看看对着几，圆的周长就是几。"我由衷地说道："你真爱动脑筋，虽然尺子绕着圆不好测量，但是可以让圆在尺子上滚动，多了不起的想法啊！"

最终，我获得了北京市小学数学学科现场课堂教学一等奖，我也牢牢记住了，倾听学生的心声是多么重要。

（北京市东城区灯市口小学　宋燕晖）

感悟：教学不是单向的讲授，教师一定要倾听学生的心声，只有全面了解、读懂学生的数学学习过程，才能帮助学生真正理解和掌握基本的数学知识与技能、数学思想与方法，获得广泛的数学活动经验。

小蚕的启示

一天，上中学的儿子从学校拿回来 11 条刚刚破茧而出的小蚕，把它们放到一个脸盆里。才 3 天的时间，它们就长大了很多。其中有 3 条长得很慢，它们被其他 8 条压得喘不过气来，活下去都难。这样下去怎么得了？儿子将那 3 条体型较小的蚕放到一个塑料小盘，特殊关照。它们终于不用受挤压，可以自由自在地吃桑叶了。一周之后，这 3 条中较大的那条长得和脸盆里面的蚕一样大了，相比之下，较小的那条还是小一点。这时，儿子将这 3 条小蚕放回到了脸盆里，我问他为什么。他说，要让这 3 条和其他的蚕一起交流如何结茧子。3 周之后，其中的 10 条蚕都结了茧子。最小的那条也终于长到其他蚕那么大了。2 天后，这条蚕也成功地结了一个金黄的茧子，而且是最大的。

儿子的特殊关照，挽救了 3 条小蚕，还培养出了一个"后起之秀"。这不禁让我感慨万千，我们能够用十几天见证一条小蚕的成长历程，而一个人的成长需要若干年。作为一名教师，我们能不能在任教期间多为学生的成长去考虑，为学生的成长留有空间呢？恐怕我们急于求成的时候太多了。

《探索规律——正方体涂色问题》，是五年级第 10 册学习完长方体和正方体特征、表面积、体积之后的一节课。导入部分，我紧紧抓住了正方体的特征，为学生的空间想象找到了"基点"。那个类似于魔方，由 27 个小正方体拼成的正方体学具也深深地吸引了学生。学生在操作过程中有思考、有交流，气氛异常活跃。

当学生要利用棱长 3 厘米的正方体，研究棱长 4 厘米的正方体分割成棱长 1 厘米的小正方体的涂色情况时，难度就比较大了，不仅要考虑每种涂色情况的小正方体的位置，还要考虑它们与面、棱、顶点的关系，想象它们的个数，逐渐探索出规律。越是有思考价值的问题，学生的探究欲望越强烈。

每次试讲我都没能在 40 分钟内完成全部内容，因此，在学生探究的过程中我暗暗着急，当发现有的组已经得出结论时，我就马上结束了小组交流。那些没有探究出来的同学就只有听别人讲的份了。课后，吴老师告诉我一个数字让我非常吃惊——我上课看了 9 次表。"你体会一下，40 分钟看 9 次表的频率，换位思考，你会有什么感觉？学生会受老师的影响变得焦躁不安。通过探究没有初步得出结论的同学在听讲的时候什么感受？他们没有感受到那份惊喜，那可能让他们一生都刻骨铭心的欣喜就在我们的催促中溜走了。对学生的影响，往往就蕴藏于那些很小的细节之中。那些接受较慢但乐于思考的孩子往往就被埋没了。"

从那以后，又经历了这么多年的教学实践，我越发深刻地感受到"追求速度是非常可怕的"。一部分"慢热型"的孩子，会认为自己的天分不够，这种先入为主的消极态度，会扼杀他们的潜能。教师存在的价值就是在学生遇到无法解决的问题时，能够给予帮助。

有趣的是，同样的情景再次发生了。

在进行第 11 册《探索规律》一课的教学时，我结合教学内容的特点，为学生设计了导学提纲，让学生解决自己能够解决的内容，同时提出自己的问题。

　　导学提示：计算下面各题中的左、右两道小题，把得数写在 "=" 后面，然后再○里填上 ">"、"<" 或 "="。

　　1. $8^2-6^2=$　　　　　$(8+6) \times (8-6)=$

　　　$8^2-6^2 \bigcirc (8+6) \times (8-6)$

　　2. $9^2-5^2=$　　　　　$(9+5) \times (9-5)=$

　　　$9^2-5^2 \bigcirc (9+5) \times (9-5)$

　　3. 你有什么发现？你有什么问题吗？

很多同学都提到了：这和我们所学的运算定律长得不一样。为什么可以这样计算呢？这些问题显然引起了认知冲突，形成了智慧上的挑战，使学生处于一种"心求通而未得，口欲言而弗能"的愤悱状态，激发了他们的学习兴趣和探究欲望。

　　师：有的同学提出为什么 $8^2-6^2=(8+6)\times(8-6)$？

　　师：看到 8^2 你想到了什么图形？

　　生：正方形。

　　师：太棒了，你居然想到了一个图形。它对我们的研究有帮助吗？

（生思考）

　　师：我们不妨用两个正方形试一试，看看能否找到答案。

　　学生们开始积极地思考。5分钟左右3个组用两个正方形进行了这样的探究：8^2-6^2 和 $(8+6)\times(8-6)$ 都在计算同一部分图形的面积。

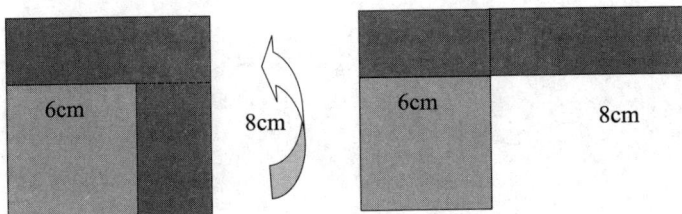

　　但是，我发现还有2个组没有结束讨论。吴老师饶有兴趣地走到孩子们中间，像一个童心未泯的大孩子，与他们一起皱眉，一起惊叹，一起鼓掌，与学生共同经历着探究的过程，我们看到了孩子们的智慧、创造以及对数学的热爱，其他组的孩子也被吴老师的热情深深打动。"是不是还有别的发现？""肯定还有新的解释方式！"唧唧喳喳讨论之后，孩子们又开始了探究。这次展示课的主题是"高效课堂"研讨，不做练习怎么交待呢？但是我想，即便没法交待也要展示出孩子们的智慧。一位教师成熟起来的标志就是能够从学生的角度思考问题。

　　就在等待的过程中，那些幼小的生命得到了关照，他们沉浸在探究的过程之中，就好像那只得到特殊关照的小蚕，飞速地汲取着营养。新的解释应运而生。

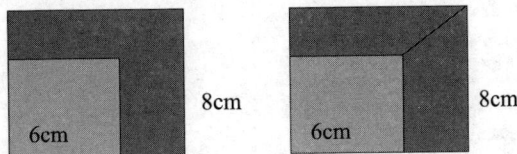

　　"8^2-6^2 表示大正方形面积减去小正方形的面积。$(8+6)\times(8-6)$ 是将这个图形分成了两个完全一样的梯形，计算的是两个梯形的面积。"吴老师参与的那个小组的孩子欣喜异常。

我也欣喜地问:"计算帮助我们发现了一个规律,图形帮我们理解了这个规律。当它们结合起来的时候,你有什么感受?"

"太神奇了!"一个孩子用高高的声调喊了出来。

六年级的小女孩,能够这样不加掩饰地表达自己的情感,这是怎样的一种感受所产生的力量啊!瘦弱的小蚕就这样被关照了,就这样成长了。

第一个结茧的小蚕让我们感受到的是新奇,第二个结茧的小蚕让我们感受到的是欣慰,而最后一个经过特殊关照结了茧子的小蚕让我们看到的是希望。当它们"破茧成蝶"的那一天,孕育出的则是惊人的新的生命力。

（北京市门头沟区大峪第一小学　刘文波）

感悟：学生的潜力是惊人的。在课堂教学时,如果条件允许,教师可以选择多一分耐心、多一分等待。在更放松的氛围之下,"慢热"的孩子也能更积极地参与讨论,从而收获更好的教学效果。

真的读懂学生了吗？

　　这是一个不希望发生却发生了的事故。昨天的事故已然成了今天的故事。

　　2008 年冬，应山东省小学数学教研室邀请，"吴正宪小学数学教师工作站"参加"山东省小学数学解决问题专题研讨会"，工作站由吴正宪老师带队，为大会做三节研讨课，并做"解决问题"专题讲座。我有幸成为其中一员，执教二年级《两步计算解决问题》一课。

　　没想到，自认为作好充足准备的我，在课堂上慌了手脚，眼见着会场由安安静静到窃窃私语再到议论纷纷，我自己也在一小时内从满怀热情到手心冰凉到满头流汗再到委屈流泪。

　　下了课，我满身是汗，课上失败了，心中满满的是内疚与自责，因为我们是一个团队，我的表现会影响到团队的形象。吴老师先让我坐下来休息，让我喝水。看到我有些沮丧，她拍了拍我的肩膀，"中午回房间再说啊！先稳定一下。"

　　中午谈话中安慰与鼓励我的话很多，不过吴老师也直指我上课出问题的关键，"淑一，你怎么理解'读懂学生'？"

　　我没有吭声，眼泪吧嗒吧嗒往下掉，觉得自己做了读懂学生的功课。备课之前，我作过两个课前调查。一是给二年级学生一些熟悉的情境，让学生在最感兴趣的事物前打"√"，72% 的学生对喜羊羊和美羊羊感兴趣，这样备课时我选择《喜羊羊和灰太狼》的动画片为情境串在学习过程当中，并以此为素材编了练习题。二是在学生进行两步计算应用题学习之前，对学生进行同一类型问题的前

测，发现有48%的学生能独立完成。基于这样的前测结果，我认为低年级学生学习的兴趣很重要，用他们喜欢的素材，学习的热情自然会高一些。另外，在没学这部分知识之前，已经有48%的学生会做了，因此继续巩固解决问题的策略、进一步培养学生的分析能力便成了这节课的一个重要的目标，至于一开始不会的学生，通过这节课的学习，能正确解答这类型的问题就可以了。备完课后的试讲情况也还可以。

"噢，下功夫了。既然在备课时想到了学生，也努力读懂学生，为什么课却上得不如意呢？"

是啊，我想不通！

"同一年龄段的学生认知水平和心理特点是有规律可循的，不过地域的差异导致学生学习起点有差异，这点想过吗？"

一语点醒梦中人。我明白了，我读懂了这个阶段北京的我们学校的学生，却没有读懂山东的这个上课班级的学生。

这次上课的是山东省学生，我们素不相识，他们的名字、性格、喜好，数学的学习能力达到一个什么程度，我都一无所知。凭着我对北京二年级学生的了解，为山东的学生做了一件衣服，这件衣服可能挺漂亮，我努力拉他们的胳膊，拽他们的腿，他们穿起来却是一个四不像。后来，我了解到，上课的学生使用的是山东版"五四制"教材，在上这节课之前，学生连"求一个数比另一个数多（少）几的一步应用题"都还没学过。

豁然开朗后我不再沮丧。这一次与吴老师的谈话让我明白：一个老师给一个素未谋面的班级上课，就像给一个陌生人制衣，不是带着一件成品衣服去，而是带着布、剪刀、尺子、线等等工具，通过短时间的了解，确定衣服的大小、款式，量体裁衣，这样制成的衣服穿起来才会合身，才会好看。

其实，即便是天天见面的学生，不同班级学生的水平、性格不同，同一份教学设计也需要做出相应的调整，这样才能取得更好的教学效果。

（清华大学附属小学　许淑一）

感悟：促进每位学生的发展离不开读懂学生，教师的专业化提升离不开研究学生，正如美籍匈牙利数学家波利亚所言："教师讲什么不重要，学生想什么比这重要一千倍。"

一个课后"闲不住"的人

熟悉吴老师的人都知道，吴老师是一个课后"闲不住"的人。之所以说她"闲不住"，是因为不管听课的人多还是少，上完课后她总是爱向学生提问题。吴老师对学生的每一次课后访谈，无不让我深思。这弦外之音，有时"悦耳"，会激励你不断进步；有时可能"稍有杂音"，但会引导你不断反思。

重新思考"分数单位"的教学

"同学们，刚才张老师讲了分数的意义，你们听得可认真了，现在吴老师想问问你们，能接受我的挑战吗？"说着吴老师随意从本子上撕下一个小长方形纸片，"你们看，这是一个长方形，如果我现在告诉你们这个长方形表示的是 $\frac{2}{5}$ 这个分数，你们能帮我想想如果要表示'1'的话，该用一个多大的长方形纸片表示？"

刚才还挺激动的学生此时变得底气不足了。

"哦，你们觉得有些困难，那吴老师给你们变一下吧。"吴老师顺手就把这个长方形纸片对折了一下，"谁告诉我这是几分之几？"

"$\frac{1}{5}$。"学生随口就说了出来。

"现在你们能帮我想出'1'是一个多大的长方形吗？"

在吴老师的点拨下，学生很快就描述出了单位"1"。

"对，$\frac{1}{5}$ 是分数单位，1 就有 5 个这样的单位。再回忆一下，刚才这个长方形是 $\frac{2}{5}$，你能想出 '1' 这个长方形来吗？"

"老师，我能，$\frac{2}{5}$ 里有两个 $\frac{1}{5}$，我能找到 $\frac{1}{5}$，就可以找到 '1'。"此时，学生迫不及待嚷了出来。

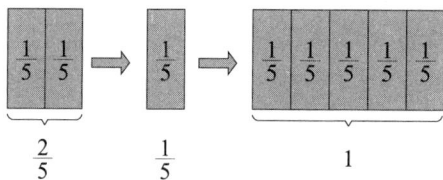

这段实录来自我执教《分数的意义》之后，吴老师做的一次课后访谈。面对这样的一个访谈，我陷入了深深的思考。

课堂上我也出了一些关于"分数单位"的练习题呀，学生回答得不错。在教学分数的意义时，我也和大多数老师一样追问学生："5 个 $\frac{1}{6}$ 是多少？$\frac{5}{6}$ 里面有几个 $\frac{1}{6}$？"学生对这样的问题对答如流，可是真的利用分数单位解决问题的时候却是吱吱呜呜，不甚明白。分数单位到底应该怎么教？看来这么简单的一问一答肯定是不行的。

要解决这个问题，本质就是要弄清楚分数单位的知识。吴老师用一个长方形，引导学生根据图形不断地进行思考，使学生对于分数单位的重要性进行了深入思考。

课后访谈，短短的一段对话使我忽然间意识到，让学生还原单位"1"的过程就是帮助学生感悟"分数单位"重要性的过程。由 $\frac{2}{5}$ 想到 $\frac{1}{5}$，由 $\frac{1}{5}$ 想到 1，是学生不断深入理解分数的意义，不断深化分数单位的作用的结果。

分数的意义中用"表示这样的一份"凸显了"分数单位"，学生们在理解时往往感到茫然。应该说分数单位的理解对于分数意义有着独特的价值，这种价值的体验也不是简单的提问和填空就能解决的，需要一个不断感悟的过程。从"度量"的角度认识分数，是帮助学生深入理解分数意义的重要途径。

在学习过程中学生的认识先于知识，分数单位的教学一定要和形建立起联系，让学生在形中感受到分数单位和单位"1"的关系。有了这样的认识，才能为后续学习分数大小的比较、分数加减法计算打下坚实的基础。

"张老师能和我们说到一块儿去！"

另一次的课后访谈是在一次教学研讨会上，同样给我留下了深刻的印象。吴老师问学生："你们觉得刚才给你们上课的这位张老师怎么样？"没想到全班竟然有 $\frac{2}{3}$ 以上的学生立刻高高地举起了手，眼神中充满着兴奋。

"这位老师，讲课挺清楚的，还特别幽默，我们喜欢他。"

"张老师能跟我们说到一块儿去！"

"张老师乐教。"

听到了"乐教"二字，吴老师追问道："什么是乐教呀？"

"他喜欢上课，我能从眼睛看出来。"

我站在吴老师的身后，听着孩子们对我的评价，心中涌起许多感慨。吴老师微笑着回过头来问："张老师，你是这样吗？"我竟然木讷地不知说什么好。那一刻，从心底涌起做教师的幸福感和价值感。此时，台下听课的 600 多位老师的掌声响起来，我深深地给学生和老师们鞠了一躬。

此时，吴老师说："今天当孩子们说'张老师能跟我们说到一块儿去'的时候，我就在想，这句话对张老师的肯定，远比张老师以往获得的任何专家、领导给予的褒奖都要重要，因为孩子把他当成了知心人。学生的褒奖不是每一个老师都能得到的。张老师，请你永远记住孩子们对你的评价。这才是你工作的动力。"台下再一次响起了热烈的掌声，吴老师和我一起给老师们深鞠一躬。

我其实已经上过很多公开课、观摩课了，但是没有多少课的感受像那天一样深刻。学生说的"张老师能和我们说到一块儿去"，吴老师对我的鼓励，时时在激励我不断反思课堂交流：教师究竟要用什么样的方式和学生交流？他们究竟喜欢什么样的数学老师？吴老师常对我说，要用儿童的话语系统解读数学，要站在儿童的立场上和儿童进行对话。用儿童明白的话教数学，教给儿童能懂的数学，是一个数学老师的必修课。

　　吴老师，一个课后总是"闲不住"的人，她的课后访谈，提醒我深入思考每一个知识点如何把握。课后访谈，也成为了北京市小学数学团队研修的特色项目。一节课有起点，没有终点，吴老师的访谈教我学会了延伸，教我学会了思考。

（北京市密云区太师屯镇中心小学　张　永）

> 感悟：青年学者李政涛说："在一块石头里看到风景。"课后访谈，恰如在石头里看到的风景，别有一番深意和韵味，教师需要在这别致的风景中锻炼眼力、心力，丰富自己，反思自己，完善自己，今后的课堂才更有生命的活力。

"对不起"背后的故事

"课上，刘老师对你说'对不起'，你有什么想法？"

没想到，我上课时的一个不经意的镜头被吴老师捕捉到了。

"没什么。"孩子并没有理解吴老师问话的意思。

"我是在说，老师在反馈你的错例时，不小心将你的名字露出来了，当老师意识到自己的失误时，及时向你道歉，对老师道歉这件事你怎么想？"

"噢！"孩子恍然大悟，"我们老师平时也这样，因为老师平时就很尊重我们，虽然也有着急生气的时候，但是，老师很注意保护我们的自尊心。"

"有没有一丝丝感动呢？"

"特感动，平时道歉还行，现在当着这么多专家，老师还这样做，我就有点……我特别想要今天这节课的光盘，留作纪念。"孩子一本正经地说。

"我们就要毕业了，我真怕不能再遇到这样的老师。刘老师是第一个称呼我为'数学王子'的人。"那个常被我称为"数学王子"的孩子抢着说。

吴老师向我投来了赞赏的目光。我差点没忍住眼泪，这就是做教师的幸福。其实这句"对不起"背后有故事，可以一直追溯到十年前的那次乡村之行，那次经历对我的影响深刻，至今难以忘怀。

吴老师和我们四位徒弟一起来到门头沟区一所山村小学，没有惊动区里的任何领导。当时在我的简介中也只有"教龄8年"简单的四个字。如何做一名优秀的教研员？如何做一名优秀的数学教师？我们急需找到答案。吴老师没有过多的

语言，而是用她那具有生命力的课堂为我们作了最精彩的诠释。

吴老师讲的是《平均数》一课，从一场拍球比赛开始。第一组 5 人，第二组 6 人，第一组的小赵同学只拍了 5 个，是最少的。

"我们组获胜，我们组的总数多。"第二组的同学兴奋得快要跳起来了。

"就赖你，才拍 5 个，笨死了。"听到这，小赵同学就像一只犯了错误的小猫蜷缩在自己的座位上。

"不能比总个数，我们组人还少呢！"第一组的同学不服气地说。"用每一组的总个数除以总人数之后再比较大小，决定哪一组获胜。"

听到这里，第二组一个孩子着急了："老师，我拍得太差了，把我去掉吧，不然我肯定影响我们组的成绩！"吴老师既心疼又欣慰地搂住了孩子："孩子，在你的心里随时想到的都是集体，我们要向你学习！大家同意把他刨除出去吗？"孩子们说："不刨除！"

"这才是一个完整的集体呀！暂时的得与失好像不那么重要了！"吴老师向第二组同学投去了赞许的目光。又看看第一组的同学："第一组是否要把小赵同学换下来？"

"不用换了，没关系的！"第一组的同学抱歉地看着赵同学。

吴老师欣慰地笑了。

这个小插曲如果处理不当的话，这节课可能就上不下去了：老师怒视学生，学生被迫停止争执。

我们经常感叹：为什么吴老师能够很快与学生进行沟通？为什么在吴老师的课堂上学生总是能够真情流露，甚至我们这些成年人在吴老师面前也会不加掩饰地让自己的激情绽放？

走在乡间的小路上，吴老师语重心长地说："课堂，是学生与我们生命体验的 40 分钟。一个学生就是一位天使，他们体现着人性中最甜美、最纯真的一面。我们要静下心来想一想，孩子们在想什么？为什么这么想？只有教师不在乎一时的得失，学生才会不在乎一时的得失。"有了这样的胸怀才能够荡涤我们心中的浮躁，保持纯净清澈的一面。

"上完一节课，孩子们说你好，可能是迫于'师道尊严'。如果你不教他们了，他们还说你好，说明你是一个合格的教师。当孩子长大了，回忆美好瞬间的时候，好老师里还有你，说明你是一个对他一生产生深远影响的人。以后，你可能会有这样那样的称号，得到这样那样的奖杯，但是一定要记住：金杯银杯不如孩子们的口碑。"

这些朴实的话，像一股轻柔充盈的暖流流进了我的心房。作为一名特级教师，吴老师的日程排得满满当当，而她就这样默默地走进了山村，一次又一次走进了学生，也走进了我们的心里。

在吴老师的影响下，"对不起！不小心把你的名字露出来了"这句真诚的道歉就那样自然地流露出来了。我没有把教师的所谓面子建立在学生的痛苦之上，学生回馈的是信任与留恋，其间饱含着师生浓浓的真情，传递着师生间零距离心灵交流的火花。

（北京市门头沟区大峪第一小学　刘文波）

感悟：尊重学生，保护学生的自尊心，不仅是我们每个教师应有的职业修养，更是我们实施教育的切入点。教师对学生的尊重换来的是学生对教师的尊敬和信任，同时，还有学生熊熊燃烧的求知之火。

"我也戴眼镜，也是四只眼"

下课铃响了，我如释重负。吴老师第一时间出现在我和学生中间，她非常自如地开始了我们团队研修的惯例——课后访谈。孩子们肯定了这节课让他们满意的地方，我边听边窃喜……

"孩子们，你们对这节课哪个环节最有印象？"吴老师问。

"陈老师和同学站在一起让我们讲出方程故事的环节让我印象最深。"

吴老师似乎早已准备好了，她马上把那个学生请到前面，还原了当时的场景。吴老师表扬孩子们找到了很多方程式，然后在其中一个方程"2+x=4"处停了下来。吴老师慈祥地对那个找出方程故事的小男孩说："你真厉害，你把眼镜和眼睛都用上，找到了这个方程式，真挺好的！你瞧，我也戴眼镜，也是四只眼。"

我马上去看那个小男孩，他的表情有点复杂，他看到我正在对他微笑，有点不好意思地晃了晃头。

坏了！这个地方我"出错"了！

当时，我和一名戴眼镜的女生站在学生们前面，大家兴高采烈地寻找方程故事，就是他——第一排的一个男生高高地举着手："老师，我找到了 2+x=4。"

"你怎么找到这个方程式的？什么意思？"我有点不解。

他笑呵呵地说："老师，你和她每个人都有两只眼睛，但是她还戴着一副眼镜，所以是 2+x=4。"

　　我听明白了，方程式似乎可行，但怎么提人家戴眼镜的事了。我都没看身边的"小眼镜"，便开始帮她抱不平："嗯，你的方程式还可以，但是不能拿人家戴眼镜开玩笑，要不然你哪天戴起眼镜时我们也这样说你！"

　　我当时自认为用了一种玩笑的口吻既指出了小男生的不恰当，又呵护了"小眼镜"的自尊心。课堂上遇到这样的小事件就得想办法"巧妙"地使用评价语来把握方向。

　　吴老师最懂学生，她现在是在帮我给那个小家伙补救情绪，缓解矛盾，说明我当时处理得不太妥当。那个小男生当时只是在思考数学问题，并没有想嘲笑别人的意思；另外，"小眼镜"会认为"2+x=4"是在嘲笑她吗？当时我说完后还看了一眼"小眼镜"，她似乎也挺严肃的，并没有表现出对我的感激或满意。我作为教师主观、片面地用了自认为出于好意的评价，结果反而把一个很单纯的好素材处理得很复杂，让小男生和戴眼镜的女生陷入尴尬。

　　这件事让我明白，作为教师，遇事要提高自己的判断能力，使自己能更加了解学生的真实想法和感受，能更加准确地洞察事情的性质，切忌过于强化自己作为教师的掌控作用，主观臆断。如果当时我用心观察一下两个学生的状态，发现他们都没有什么情感上的倾向，我应只对数学问题本身进行评价，这样会避免人为地把事情搞复杂；即使学生有情绪上的变化，也会被这种简单化的处理导向积极、单纯地思考数学问题。而一旦我们在课堂上误解了学生，也一定要像吴老师一样，在课后的第一时间进行弥补。

　　这件看似不起眼的小事，在吴老师看来却是决不能忽视的。在她心中，孩子的事无小事。教育真的不只是教学，它的魅力更多的是心灵的交融；师生间的互动一定会传递情感，而我们作为教育者，经常忽视了这一重要元素！吴老师从来都把学生安全、舒适的心理感受作为她实施教育的原则。在她的课堂上，在平时的交往中，你能感受到她对每个人的尊重，而且她有发掘他人优点的超强能力。如果有幸做过她的学生，你经常会感受到自己仿佛被注入了某种能量，会主动努力做些什么——这应该就是教育者的最高境界。

课堂，是生命对话的地方，之后才是知识生长的场所！在上课前，如果先意识到的是生命意识，是尊重，是呵护……也许事情就简单了。我们不应放过孩子的任何闪光点，因为他们需要被发现、肯定、欣赏；我们应时刻努力理解他们，以免无意间对他们造成伤害。

（北京市海淀区中关村第一小学　陈千举）

感悟：成功的教育不是简单地传授给学生知识与技能，更重要的是通过教育教学促进学生心灵的成长。教育家之所以受学生爱戴，往往是他们真正做到了把"人"放在教育的首位，他们往往能让受教育者产生更强的学习信心和欲望。

失败一样有意义

　　做老师的都有一个愿望，就是每个学生都能在学习过程中顺顺利利的，然而事实并不像我们想的那样，总会有一些孩子遇到困难，甚至遭受失败。此时，作为老师的我们，该怎么做呢？

　　《平均数》一课，吴老师让学生根据 5 天售出的门票（分别是 700、900、1000、1100、1300），估计平均每天售出门票大约多少张。

　　一个小男孩估算出 1500 张——显然在这里他遇到了困难。

　　吴老师注意到了这个小男孩和他遇到的困难，只见她微笑着来到这个小男孩面前："请你下去采访一下，看看其他同学是怎样估计得这么准确的，好吗？"

　　小男孩走下座位，采访了一个扎羊角辫的小女孩，小女孩说："五一期间售出门票最多的是 1300 张，最低的是 700 张，所以平均数肯定在 700—1300 之间。我又看到图中的数据大多和 1000 比较接近，所以我就估计是 1000 张。"

　　吴老师转过身来，摸着小男孩的头说："听了刚才小朋友的发言，你有什么感受？"憨厚的小男孩摇了摇头，不好意思地说："人家估计的都在里边，我估计到外边去了。"

　　一个"外边"正表现出了孩子对平均数的认识和理解，体现了孩子对自己学习的反思。

　　吴老师展现出她的教学智慧："我非常羡慕一开始就一次估计对的同学，你们很了不起，但我更佩服身边的这位小男孩，虽然第一次他估计到'外边'去了，但

是他能在和同学们的交流中接受大家的意见，调整自己的思路，能够进行自我反思，这是一种很好的学习习惯，是一种可贵的学习方法，我们都应该向他学习。"

吴老师紧紧地握住小男孩的手，微笑地望着他，小男孩感动不已。

在这节课上，吴老师热情的鼓励和巧妙的疏导，给我留下深刻印象。她发自内心地欣赏每一个孩子，看到每一个孩子的优点。尤其是她对孩子的关注，不但关注成功的孩子，更关注那些"暂时失败"的孩子，她让所有的孩子都扬起自信的风帆。

再次见到吴老师，我便提起那节课，满怀钦佩地问："吴老师，您怎么想的？您怎么就会那样处理当时发生的状况？"

吴老师认真地说："我一直在努力读懂学生，真诚地和他们站在一条战线上，友善地走进他们的心灵，努力把自己和孩子们融合在一起，使它迸发出情感与智慧的火花。"是啊，如果不去读懂这些"失败者"，有可能使这些孩子产生自卑的心理或是抵触情绪，从而产生负面影响，而吴老师的处理正是把爱撒向了每一个孩子的心田。

吴老师经常说，犯错误是学生成长过程中的重要经历，尤其是小学生，他们的思想还不成熟，知识还不完善，阅历还不丰富，他们需要得到更多的理解和宽容，需要一个更加宽松、安全的氛围。只有在和谐、安全、宽松的氛围中，学生才能乐于表达自己真实的想法。当我们有了宽容、平和的心态，有了接纳错误的勇气和胸怀，我们会发现错误并不可怕。如果我们能充分利用"暂时失败"学生的错误，及时寻找错误中的合理因素，发现错误中的价值，错误就能成为一种重要的教学资源。在对错误的辨析中，师生共同成长，学生获得的是对知识的深入理解，教师增长的是处理生成的教学机智。

在吴老师的影响下，我在课堂上更加关注学生们学习的过程，关注他们在数学活动中表现出来的情感与态度。在《比的意义》教学过程中，我出示了下面一组信息，请学生思考："根据下面两条信息，你能写出比吗？"

①水果市场的香蕉售价是 5 元钱 4 斤。
②淘气买了 4 支钢笔，每支 5 元。

当讨论到第二条信息时，我非常希望能捕捉到错误资源，并先暴露出来，以达到强烈的对比效果。果然如我所料，实际上课时，一个坐在后排的男孩子迅速地举起了手，直觉告诉我，这是一个思维反应速度比较快但是准确度不足的学生——我立刻请他发言。

他"噌"地站起来，说："可以用 5 比 4，表示一支笔多少元。"

"啊？"没等男孩子坐下，大多数同学就已发出了表示异议的声音。

在接下来的思辨中，所有人都明白了根据第二条信息不能写成比——包括这个男孩子。在那一刻，我分明看到这个孩子的脸因尴尬涨得通红，眼神里充满了沮丧和懊悔。

"听了大家的意见，你有什么要说的吗？"我试着引导他反思，但是他一言不发，圆圆的小脸依然涨得红红的。

"同学们有什么想说的？"我引导其他同学反思。

"通过这件事，我觉得一定要认真审题……"有同学发言了。

望着那张失落无助的脸，如果我再不说点什么，一定会对他的学习积极性造成打击，我平和地望着他，说："我觉得其实你本来懂题目的意思，就是当时看题太快了，把买了 4 支钢笔，每支 5 元，看成买了 4 支钢笔，一共 5 元了。对不对？"他点了一下头。

我接着说："我是不是你的知音？"他又用力点了点头，脸上的乌云顿时散开了。

我补充道："其实，正是由于这位同学的失误，让我们有机会在正误对比中加深对比的意义的理解，我觉得在学习过程中没有对与错，这里，我们应该用掌声感谢他提供的讨论资源。"

感谢吴老师带给我的心灵启迪，她的教学不仅打动了孩子们的心，也让我明白，成功的教育在于教师及时捕捉教育机会、恰当升华，让学生学习如何面对错误和失败，需要我们的智慧引领。

（北京中学　王来田）

> 感悟：出错是学生成长过程中的重要经历，尤其是小学生，他们需要理解和宽容，我们需要做的是用心读懂他们，及时寻找错误中的合理因素，发现错误中的价值，让错误成为一种重要的教学资源。

第一辑

教书·育人

"我不想让您把我那一笔擦掉"

2010 年 8 月的一天，我随吴老师应邀到北京一所农村小学进行教学交流，虽然这事已经过去了好几年，但现在想起那天的情景仍历历在目，非常清晰。

记得当天我上的是《搭配的学问》一课。一上课，我出示了三种点心和两种饮料，如果两两组合，看能搭配出多少种早餐。学生稍作思考后，纷纷动手设计起来，孩子们的方法可真不少，有用文字描述的，有画图的，还有用图形、数字、字母代替的……我感叹于学生各种灵活的方法，同时把他们的方法展示出来。

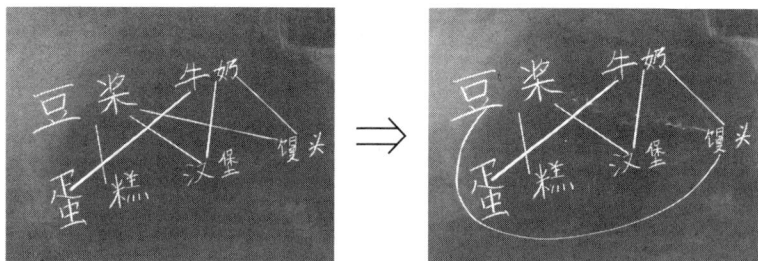

黑板上呈现出了学生的各种作品，接着我引导学生对每种方法进行分析，让学生感受到在搭配过程中要做到不重复、不遗漏，体会有序和符号化思想。课堂上我和学生交流顺畅，师生的情感、思维的碰撞时时产生火花，课堂上不时响起听课老师们的掌声和孩子们的笑声。看得出学生很喜欢我这位刚刚认识的老师，我也很满意学生的精彩表现，并在心中为自己的表现暗暗高兴。

这节课在快乐的气氛中结束了，我悄悄地等着吴老师的表扬。只见吴老师快速起身，来到一位小男孩跟前，把他领到黑板前，笑着指着他的作品说："小朋友，我特别欣赏你的画图的方法，刚才老师把你画的那条长长的线擦掉了，你有什么话说吗？"他小声说："没有。""老师这样做你认为好吗？"他又小声回答："好。"吴老师接着问："心里一点想法都没有吗？"他不再说话了，对一个小学生来说，对老师的评判更多地只能是认同，在这种场合下他没有勇气表达出自己的真实想法。

这时吴老师笑着说："我和武老师的意见不同，我认为你的长长的一笔很帅，这是你的创造啊！你说呢？"小男孩抬起头忽闪着大眼睛，看着吴老师，眼睛中掠过了一丝笑意。吴老师接着鼓励他："大胆告诉老师你的想法。"他涨红了脸怯生生地说："武老师，我不想让您把我那一笔擦掉。"听了小男孩的话，吴老师和听课的老师都笑了，只有我的脸红了，我快速地走向小男孩，握住了他的手说："对不起，老师把你精彩的一笔擦掉了，请原谅老师。"小男孩激动地使劲点点头，这时吴老师和我们的手紧紧地握在了一起。

下课后，我问吴老师："您怎么关注到这位小男孩了呢？"吴老师说："在你讲解小男孩的方法时，我观察到他一直喜滋滋的。但你最后说，'这种方法很好，但是这位同学字写得比较乱，大家看他的最后一种搭配，连线画了一个弯弯的钩，看着不美观。如果画成直线是不是更好呢？'说着你就把他画得弯弯的线擦去了，画上了一条直直的线。这时我又看了一下小男孩，他的小脸没了表情，嘴里好像还嘟囔着什么。之后的课堂表现也不再像之前那么活跃了。因为我看到了小男孩表情的变化，心里一直惦记着他的感受，所以才有了上面的访谈。"

吴老师的话再次提醒了我，我想起吴老师每次要擦去黑板上学生的板书时，都会向学生询问"可以吗？"，每次吴老师都会根据学生的意见再作决定。

吴老师有一双慧眼，及时地观察学生表情、动作的变化，吴老师还有一颗真爱学生的心，关注每一位学生，不仅关注他们的学习，也关注他们的情感体验。我想，这是我要努力学习的，也是我们每一位老师应该做到的。

（北京小学长阳分校　武维民）

感悟：直的、弯的真的很重要吗？重要的是孩子们有自己的想法。其实孩子原生态的方法蕴含着创造的潜力，我们不要一味用成人的眼光要求孩子，多一些赞赏，多一些宽容，才能让学生更多地感受到学习的成功和乐趣。

一节课，一生缘

吴老师的朋友很多，有学术专家，有一线教师，还有一群爱她、信任她的小朋友。这些小朋友不知道吴正宪是何人，却因短短的一节课就爱上了这位和蔼、值得信赖的大朋友。那究竟这一节课能结下怎样的缘分呢？

一天，我和吴老师一起乘车去郊区听课，路上见吴老师看着手机微笑，我便产生了好奇，凑过去看到了这样的一条信息："吴老师，谢谢您帮我找辅导老师，在学习上帮助我。我中考的分数下来了，考得不错，谢谢您的帮助！我体会到了您'路见不平，拔刀相助'的气概。"看完这条信息，我问吴老师："您怎么还认识中学生，怎么中学生还要您的帮助？"听了我的问题，吴老师和我聊起了自己与牛根的故事。

几年前的一天，吴老师到北京房山的一所山村学校去听课，做课老师讲的是《分数的意义》一课。学生在课堂上表现活跃，生成不断。其中有一个场景让吴老师印象最为深刻。

甲方："10 个棋子，4 个黑子，黑子占总棋子的 $\frac{2}{5}$。"

乙方："不对，10 个棋子，4 个黑子，就意义来讲黑子占总棋子的 $\frac{4}{10}$。"

甲方："不，$\frac{4}{10}$ 能约分，约分之后是 $\frac{2}{5}$，所以这个分数应写成 $\frac{2}{5}$。"

双方争论得面红耳赤，全班同学似乎都同意乙方的观点。听了双方的争论，老师不动声色，点着头，好像也归入了乙方的"战营"。甲方"奄奄一息"，即将败下阵去。看到这种情景，吴老师按捺不住站起来对大家说："我还有想法，请大家不要轻易否定甲方的观点，约分是下节课的知识，我们这节课研究'分数的意义'，但甲方将 $\frac{4}{10}$ 约分成 $\frac{2}{5}$ 是有道理的。"

吴老师的一席话，给了"甲方"莫大的支持，甲方不再孤独。

中午休息时间，吴老师在学校参观。吴老师看到一张集体照，一眼就认出了那个"甲方"代表——牛根，转头对刚才讲课的老师说："这不是刚才课上积极辩论的小男孩吗？"后来这位老师把这事转告了那个孩子，之后那孩子给吴老师写了这样一段话：

> 吴老师，当我听说您看见照片就认出了我，我非常震惊，您一个外校来听课的老师，只听一节课，却能记住我，这让我特别感动。您在课堂上的支持，如冬日的暖阳，让我虽成众矢之的却有了依靠。您是我初次见到的听课并参与其中的老师，由于您的支持，我从此信任您——我敬爱的吴老师。

看了孩子的这段话，也让吴老师记住了他——一个敢于说出自己观点的"甲方"。从此以后，隔一段时间吴老师就会给这个孩子写一些话寄给他，鼓励他做不断思考、敢于探索的人。孩子也写信跟吴老师汇报自己的近况，同时把自己的困惑告诉这个大朋友。这一封封饱含老师对孩子的期望、孩子对老师的信任的书信就这样陪伴着孩子顺利升入中学。

几年以后的一天，吴老师接到了一个陌生电话，接通之后，听到了一个男孩子有些紧张的声音："吴……吴老师，您还记得我吗？我是几年前您听课时，在课上争论 $\frac{4}{10}$ 的牛根。您还用书信陪伴我成长为一名中学生。"听了他的话，吴老师脑中立刻跳出那个据理力争，为是 $\frac{4}{10}$ 还是 $\frac{2}{5}$ 争得面红耳赤的小男孩，吴老师当时还给他留了电话。

"我记得你。你好吗？"

"不，我不好。"孩子诚恳地说出了自己来电话的目的："初三开始，学习越发紧张，心里压力很大。我总觉得我若是按原来的步调走会跟不上。我冥思苦想

要采取什么样的措施时，脑中浮现出您的身影——那个在我受反驳时站起来支持我的老师。不知怎么的，我平时很内向，这时却有了给您打电话的勇气。我需要您的帮助，我想您肯定能帮助我。"

吴老师果然爽快地答应了帮助他，一是与他聊天，帮助他减轻心理压力，二是为他找来了教初中的优秀教师，无偿为他辅导。而且吴老师还常询问他的学习情况。指导老师说孩子很努力，也很珍惜这个机会。这让吴老师十分欣慰！

一次吴老师来到房山参加北京小学长阳分校开学典礼时，牛根听说吴老师要来，就带着妈妈到现场看望这位值得信赖、伴他成长的大朋友。孩子妈妈见到吴老师说："您比我这位妈妈还要爱他，我只能给予他温饱，而您对他的帮助是让他在没有方向的时候找到了适合他的路。孩子因为有您的关心，在学习上特别自信，成绩很好。所以，我们今天一定要当面谢谢您！"吴老师笑着对母子俩说："路在每个人的脚下，走好每一步是你付出努力才可以做到的。孩子很努力，我这位大朋友十分欣慰！"孩子感激地给吴老师深深地鞠了一躬。

正如周玉仁教授所说：吴正宪是一个重感情，充满人情味的老师。课堂上，她不仅用数学的真谛来拨亮孩子们的心灵，更用她对孩子的爱心和真情来感染他们，用自己人格的魅力来塑造他们。我觉得，吴老师不仅把这份爱和真情播撒在课堂上，生活中这些小朋友们也因吴老师的关爱和信任与她结下了不解之缘。

（北京小学长阳分校　雷　宇）

感悟：世上有很多东西，给予他人时，往往是越分越少，而有一样东西却是越分越多，那就是"爱"，吴老师用自己真挚的爱，给予着每一个需要爱的孩子。

课堂上她抱起孩子

　　吴老师带领小学数学教师工作站坚持走进山区，一步一个脚印，开展有针对性、有时效性的教研活动，为基层提供专业化、科学化的优质教育服务。吴老师这样做的目的就是想为北京的山区培养更多、更好的数学教师，让山区的孩子们接受更好的教育，全面促进北京市小学数学教育的均衡发展。

　　不记得那是第几次跟随吴老师走进山区了，地点在延庆的花盆村。大教室里座无虚席，数学课正在进行。为什么在学生的前面站了两位老师？难道课还没有开始，是主持人在介绍授课教师吗？非也，其实课早已经开始了，这是工作站组织的一次特殊的研修活动，活动的主题是"双师同堂"，即两个老师同上一节课。由山区的青年老师主讲，吴正宪老师当助教。

　　在课堂教学过程中，有些环节当主讲的小老师把控不了的时候，吴老师会适时地站出来，以她丰富的教学经验"扶"一下，使教学能够顺利地进行下去。这样"手把手"的教学不仅让主讲的教师受益，能够现场学习如何准确地

把握教学的脉络，使自己的课堂实效得到提高，也让听课的老师们在对比中感悟课堂教学的关键点如何把握，如何处理课堂生成。

这节课的内容是《角的度量》，主讲老师在吴老师的引导下适时地抛出问题，巧妙地指导学生实践，整节课上得非常精彩。

在教学过程中，一个小小的细节深深地印在了很多听课老师的心里。

主讲老师在黑板上画了两个用直观观察很难分辨大小的角，让学生思考比较这两个角大小的方法。这时，一个小个子的女生说："可以用一个小一点的角来量一量"。主讲老师让小姑娘到黑板上去演示一下比较的过程。这个小姑娘走到黑板前，踮起脚尖，努力想把自己折的"标准角"放到黑板上画好的角中，演示比较这两个角大小的过程。这时主讲老师走过去帮小姑娘扶稳学具，但是可以看出，小姑娘还是很费劲，她用手指着黑板，讲怎么利用自己制作的学具来比较角的大小。

正在这时，"助教"吴老师悄悄地走了过去，只见她弯下腰，轻轻地抱起小姑娘，把小姑娘举到了合适的高度，以便于小姑娘操作和讲解。吴老师做得是那样自然，那样亲切。就是这个动作让台下听课的老师受到了触动，此时台下鸦雀无声，老师们都聚精会神地关注着台上的吴老师和学生。

在课后研讨的过程中，主讲老师提到了这个细节，她反复地问自己："我当时怎么就没有想到孩子演示时会吃力？我怎么想不到可以抱起孩子？"吴老师和蔼地说："当你从学生的角度去思考时，你就会有新的发现。教师对孩子的爱，体现在每一节课堂的细节中。如果我们在黑板上画那两个角的时候，就尽量画在学生适合的高度，不是更好吗？"

这时，全场响起了热烈的掌声。

（北京市东城区灯市口小学　李继东）

感悟：吴老师那么自然地抱起学生，从这个细节中可以看出吴老师对学生无微不至的关爱，这种爱是发自心底的，不做作，不虚假。当教师心中装着学生时，必然会表现出这种自然的行为。

第二辑

做人 · 做事

她是学生的好老师，也是老师的好老师，更是老师的好朋友。

　　她对教育爱得执著，爱得深沉，她温暖的笑容，智慧的话语，热情的性格……感染了许许多多的学生、家长、校长和老师。

　　人们称她为美丽的百合，阳光下尽情地绽放。她至真至信，她把自己的生命融入小学数学教育，情系教育，心系学生，孜孜不倦地传播自己的理念、思想、信仰。她至情至性，用真诚传递友善，温暖他人。

　　她是个纯粹的人，她是个立体的人，一个个鲜活的故事让我们走近她，了解她多彩的人生，感受她的人格魅力：善良的品性、豁达的胸怀、正直淳朴的为人……

小土豆的故事

"5·12"大地震后，我去吴老师家里拜访她，电视屏幕上滚动着救灾现场。她和她的先生都在关注震区的灾情，并商量着怎么为灾区捐款。忽然，她转过头对我说："我真想领养一个灾区孤儿。"

6月10日，我再去吴老师家时，一个陌生的面孔映入我的眼帘：瘦小的身子，黝黑的皮肤，穿着一件格子衬衫。我还没来得及再细打量他，他就急忙躲了起来。吴老师边招呼我，边朝里边喊："'小土豆'别害怕，这是许老师。"吴老师想让他出来和我一起说说话，但他始终不肯。虽说只见了这个孩子一面，但透过那双眼睛我却读到了紧张，可能还有一些迷茫。"小土豆"是吴老师对付伟的爱称。付伟是吴老师家的保姆小王的儿子，家住四川广元，广元也是"5·12"地震的重灾区，家里的房屋都破裂了，不能再住人。

"小土豆"和年迈的奶奶生活在一起，地震后，住在政府救济的帐篷里。小王的焦急与担心，吴老师全家看在眼里、记在心上。吴老师全家除了为地震灾区捐款外还给她捐款、捐物，然后又邀请小王的儿子来北京生活，还由吴老师给他补课。

听着小王的讲述，我这个事外人也被感动了。小王说她遇到了好人，遇到了好人家。孩子接来后，一直寡言少语，他是被地震吓坏了。

6月21日，几个月来吴老师的第一个休息日，我敲响了她家的门。没想到，来开门的竟是"小土豆"。他向我问了好，就坐回到书桌旁，吴老师正在给他补课呢。

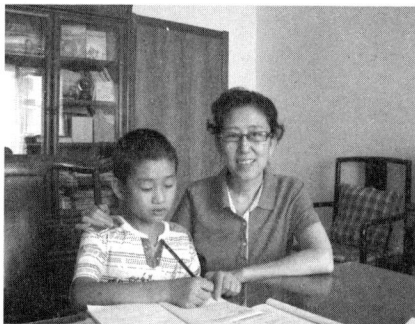

"小土豆，$\dfrac{3}{10}$ 转化成小数是多少？"

"1.3。"

"$\dfrac{4}{10}$ 呢？"

"1.4。"

一阵爽朗的笑声之后，吴老师又给他细细讲解了起来……

休息的时候，"小土豆"竟主动走到我身旁，向我"炫耀"吴老师从日本讲学回来为他带的礼物：富士山的笔、东京的小手表。"都是吴老师给我的。"我笑了笑："吴老师好不好？""吴老师好，就是吴老师太忙，我喜欢和吴老师去散步、去看天安门，更喜欢吴老师给我上课。"没说几句话，却听到了好多个"吴老师"，我正要再问他，他却转身进了书房。我努力回忆着上次见他的样子和那双紧张、迷茫的眼睛。

短短十几天时间，他转变了这么多，欣喜与震撼充满了我的内心。确切地说，"小土豆"不算吴老师的学生，这件事要归到吴老师的教学故事中也有些牵强，但这件事本身折射出吴老师的品质与精神，而正是这种品质让她赢得了孩子们的喜爱。我以为这是佛家的"天下之心，以慈悲为怀"。且不说吴老师的工作多么繁忙，时常要工作到深夜，单就照顾一个90多岁的婆婆就常常让吴老师在家里忙得不可开交，现在又来了一个"小土豆"，吴老师生活的忙碌便可想而知了。

吴老师的这种慈悲心感染着我，影响了我。作为教师，应该尊重每一个学生，允许学生有不同的意见；允许学生用不同的态度对待每一个新出现的概念；允许学生用不同的速度探索和接受知识；允许学生用自己喜欢的方法去学习。孩子的内心是鲜活生动的，也是敏感脆弱的，我愿意用慈悲的心陪伴孩子们度过小学时光，尽力在他们的童年记忆中，留下一个个温暖、美好的记忆瞬间，我想，这对于他们健康人格的形成和今后做一个充满爱与同情的社会人很重要。

（清华大学附属小学　许淑一）

感悟："老吾老以及人之老，幼吾幼以及人之幼"，做人要像吴老师这样有慈悲心怀，做教师更要有一颗博爱的心，关心、尊重每一个学生，同时也努力让学生们也成长为有爱心、有同理心的人。

埋藏在心中多年的故事

2014 年 6 月 22 日，吴正宪老师和宋燕晖老师来我校讲学。上午会议结束后，学校领导及全体老师与吴老师合影留念。

看到吴老师，我鼓足勇气走上前去："吴老师，我想给您一个拥抱。"没等吴老师同意，我已紧紧地抱住了她。

吴老师满脸微笑地说："我们又见面了。"

"吴老师，其实我和您之间还有一个故事。"我已下定决心，今天要把埋藏在心中多年的这个故事告诉她。

"什么故事？"吴老师很是好奇。

"这个故事您不知道，我给您写过一封信……"话刚出口，19 年前的一幕幕又出现在脑海中，想起往事，我已是泪眼模糊。

"给我写过信？"吴老师满脸纳闷。

"我当时还在一所乡村小学工作，我，我回头给您写封信讲这个故事吧……"埋藏了 19 年的情感瞬间从心底涌出，我无法用语言描述，泪水再次溢出。

"你把故事写下来发给我，我们正在编写一本书，需要这样的故事。"站在一旁的宋老师对我说。于是，我便写下了这些吴老师从不知道的故事。

一

1995 年，我在象河乡回族小学工作。一次偶然的机会，我在县教研室看到

了几本《小学数学教师》杂志。1995 年第 1 期的封二介绍了北京市优秀教师吴正宪的事迹。1995 年第 5 期开设了"吴正宪、潘小明教学艺术研讨会专栏",刊登了刘梦湘老师的《吴正宪成长的几点启示》和吴正宪老师的《让学生在愉悦和谐的环境中积极主动、全面发展》两篇文章。我一口气读完,在敬佩吴老师的同时,内心也有了一份渴望——成为吴老师的学生。这份强烈的渴望让我战胜了羞涩与胆怯,忍不住给吴老师写了一封信,希望她能收下我这个徒弟。

信写好了,寄哪儿呢?我把收信人的地址最终确定为"北京市崇文区教育研究中心"。信寄走了,我的心也随着飞走了。

于是,日子就在期待与憧憬中一天一天地过去。

直到有一天,校长把我叫到了办公室。"我不知道是谁写的信,就拆开看了,这才知道是你写的信。"校长边说边面无表情地递给我一封信。

熟悉的字体,亲切的名字,这是我寄给吴老师的那封信。我不明白信怎么会退了回来,是地址不对吗?我更不明白,校长为什么要拆开,他原本可以拿着信询问的呀,因为全校才十几位老师。女孩的羞涩感涌满了全身,我感觉自己像被别人羞辱了一番的难堪。

虽然当不了吴老师的学生,但阻挡不了我对吴老师的喜爱,怎样才能向吴老师学习呢?我想起了《小学数学教师》,它肯定还会刊登吴老师的文章。于是,我便来到乡邮电局订了全年的《小学数学教师》,可哪知邮局的人收了钱却没有给我订杂志。向吴老师学习这一美好愿望又成了泡影。

年轻人总是有梦想的,也总是爱幻想的,我曾在梦中见到吴老师亲切地对我笑,我幻想着有一天可以见到我的人生榜样——吴老师。对工作的热情和对吴老师的喜爱让我忍不住给《小学数学教师》杂志社写了一封信,让我感动的是,杂志社不但很快回了信,并且还送了我 1995 年全年的《小学数学教师》。

乡下的日子是单调的、寂寞的,但有了这套书的陪伴,我的日子充实了很多。我认真地研读每一篇文章,试着把其中的方法运用到我的课堂中,渐渐地,我成了孩子们最喜爱的老师。乡下的小学高年级要上早晚自习,冬日早晨的五六点钟,天还不亮,孩子们总是早早到校,趁我还没起床,在我的宿舍门口悄悄放下一颗浑圆的大白菜,一把青翠的大葱或蒜苗,几个水灵的大萝卜……而我永远都不知道是哪个孩子送的。因怕老鼠啃咬,一颗颗大白菜被爱人挂在厨房内,让我想起鲁迅先生笔下的"北京的白菜运往浙江,便用红头绳系住菜根,倒挂在水果店头"，这些普通的大白菜饱含着孩子们的爱，它们不是"物以稀为贵"，而是"物以情为贵"。

二

第一次见到吴老师，是在 2002 年 3 月 17 日，吴老师来到了河南驻马店，上午作了学术报告，下午执教了两节课。当时我已调入县城小学工作，与同事们来到会场，才知是吴老师上课，我的心激动得怦怦直跳，终于见到吴老师了，终于置身于她的课堂了，我的快乐无法用语言来表达。有谁能理解多年的期盼变成现实后的激动与喜悦？那一天，我真的是收获满满，我惊奇于数学课堂还可以让学生辩论质疑，惊叹于数学老师的语言竟如此有感染力，更感动于课堂上师生情感的交融。短短的四十分钟过去了，我和学生一样仍沉浸在课堂中，不愿下课，不愿离开吴老师。

内心激动、思绪澎湃的我，想写一篇随笔《感受吴老师的人格魅力》，写下题目后，却发现自己的文笔是那么笨拙，内心强烈的感受无法用文字表达出来，我很是懊恼。

三

到驻马店市第二实验小学工作后，我阅读的第一本书就是《吴正宪与小学数学》，书中一个个感人的故事、一篇篇鲜活的案例给予了我力量和智慧。我努力创造让孩子们喜欢的数学课堂，并不忘教他们如何做人。"善良、诚恳、谦和、宽容"，吴老师身上展现的这八个字我牢记心中。

再次见到吴老师是在 2012 年 6 月，吴老师来到驻马店市第二实验小学讲课并作报告。这是我第一次近距离地看到吴老师，美丽大气、亲切随和，真想跑上前去告诉她发生在我身上的故事，但羞涩和胆怯最终抑制住了我内心的冲动。

下午的报告会上，吴老师想请学校的一位骨干教师讲讲自己是怎样执教《乘法分配律》的，以帮助老师们更好地解读新课标。主持人把话筒递给了我，毫无准备的我匆忙站起：创设情境—解决问题—发现规律—举例验证—得出结论。虽然我是这样设计教学的，但语言的表达却模糊不清，在吴老师的一次次追问下，我竟无言以对。那一刻，我羞愧得无地自容，这样的水平怎能成为吴老师的学生？我为自己的懈怠而懊悔，又感觉自己给学校丢了脸，自责和愧疚占据了整个

做人·做事

心，我哪敢走上前去向吴老师倾诉心声？

四

上高中的儿子对我说："妈，其实我很感激你和我爸，要不是你们勤奋努力，你们也不会调到驻马店市工作，我也不会来到驻马店市上学，我可能还会生活在那个偏僻的小山村，我可能会像我们班有些从农村来的学生一样，为了追求所谓的时尚，穿着怪异的衣服，做些可笑的举动。"儿子的话让我感动，让我想起了在乡下工作时的我，想起了与吴老师的故事。我告诉儿子："只要心中有梦想，你就会走得远。"

我的梦想就是做一名像吴老师那样充满人格魅力的数学教师。这颗梦想的种子是吴老师播种的。"做一名好老师，就从上好每一节课开始吧！"记住吴老师的这句人生格言，我将快乐行走在小学数学课堂中。

（河南省驻马店市第二实验小学　晁艳玲）

> 感悟：学习绝不止于学生时代，学习是一个终身的过程。我们获得了教师的资格，但并没有失去作为学生的资格。我们依然有机会寻找榜样、向上攀登、提升自我。吴老师就是我们做教师的榜样。

记住学生的名字

"这个班是你教的学生吗？"我讲完课，吴老师严肃地问我。

"是我的学生，但刚刚接手不到两个月。"我迟疑了一下回答道。

"请你来感受一下：'后面的那位女生来说一说你的理解''那位穿红色上衣的同学帮帮他'……你觉得学生听了你的这些话，心里感觉如何？"

"我……我还不知道他们的名字。"我有点心虚地解释。

看着涨红了脸的我，吴老师放缓语气说："你看，当你被点名表扬时，你一定会神采飞扬、心花怒放；当你被点名批评时，你也一定会面红耳赤、如坐针毡。因为自己的名字已经成为你生命中最重要的一部分。每个人都很看重自己的名字，学生也不例外。叫出学生的名字，对每个学生来说，这是任何语言中最甜蜜、最重要的声音！"我点点头。

看到我有所感悟，吴老师接着说："记住学生的名字，而且很轻易地叫出来，是对学生的尊重。"

吴老师的话就像一记重锤砸到了我的心里，但我仍然心有疑虑，记住学生的名字真的有那么重要吗？当我还沉浸在自己的思绪里时，下一节课开始了。只见吴老师带着自信，微笑着走上了讲台。

"今天，我和同学们一起上一节课，我姓吴，口天吴，你们怎么称呼我？"

"吴老师。"学生大声喊出。

"你们很有礼貌，谢谢你们。谁来介绍一下自己？让我也认识一下你们。"

"我叫李志东，是我们班的学习委员。"

"我叫刘晓红，喜欢弹琵琶。"……

这样的导入，我本没有觉得有什么不同，可令我没想到的事发生了：

"刘晓红同学，你来说一说你的想法。"

"李志东，你还想说什么吗？"……

当吴老师准确地叫出他们的名字时，我惊呆了，难道她有超常的记忆力？不，昨晚吴老师辅导我备课时的一幕出现在我面前。

"吴老师，您感冒药吃了吗？"同寝室的老师提醒道。

"哎呀，我忘了。谢谢你的提醒。"

过了一会儿，又有电话打进来，吴老师边听边道歉："对不起，不好意思，我忘记了，再等一会儿过去整理头发还可以吗？谢谢！"

看着眼前不停道歉的吴老师，我知道她并没有超强的记忆力。

一节课很快就结束了。吴老师微笑着亲切地问："要下课了，你想对大家说什么？有收获吗？"

"吴老师，谢谢您，您上的课真好玩。"

"吴老师，我还想再上，我会记住您的。"

……

听着学生发自内心的话语，看着学生依依不舍的表情。我不禁回想起以往听吴老师上课的场景。有多少次学生们一下子拥到老师的讲台前，把讲台围个水泄不通；有多少次下课铃声结束了学生还坐在座位上舍不得离去；有多少次学生和吴老师手拉手作着下次再来的约定。

吴老师提倡的是有"爱"的课堂。课堂上的她和蔼可亲，摸摸头、拉拉手，在不知不觉中拉近了师生之间的距离；她关注每一个学生，"有困难找吴老师"是她的口头禅；她适当进退，把课堂真正还给学生……吴老师传递给我们的绝不仅仅是先进的教育思想和精湛的教学艺术，更是一种伟大的人格力量——尊重与信任。一个仅付出体力而不付出情感的老师，是不会得到流自心田的真情的。苏霍姆林斯基称，尽可能深入地了解每个孩子的精神世界——这是教师和校长的首条金科玉律。而名字是教师走向学生心灵世界的第一串钥匙。

从那以后，每接一个新的班级，我做的第一件事就是调出档案，对着照片记住每一个学生的名字。开学的第一节课，我总是微笑着与学生沟通。

"王晴，你能回答这个问题吗？"

"张晓宇，你能帮我把作业抱到办公室吗？"

……

当我准确叫出他们的名字时，他们脸上流露出来的是诧异与惊喜。一下课总有那么几个活泼的孩子跑到我跟前急切地问："老师，您怎么知道张晓宇名字的？""老师，您知道我的名字吗？"

看到我一下子就说出了他们几个人的名字时，他们露出了难以置信的表情。

"老师，角落坐的那个男生，您肯定不知道他的名字。"

我抬头看了一下趴在桌子上的那个略显腼腆的男生，信心满满地回答道："那个男生叫宋军，我说的没错吧。"

"老师，您简直神了。"看着学生崇拜的眼神，我不禁笑了起来。

"用心记住别人的名字，是对别人的尊重，也会赢得别人对自己的好感和尊重。"自此，我的课堂越来越轻松，学生与我的关系越来越融洽了。课间，我会听到越来越多"老师好！"的问候声。还有一些调皮的孩子会围着我说："老师，今天的发型剪得好酷！""老师，您的生日是哪一天？"……我在变化着，学生也在变化着。一次次的经历，一次次的体会让我懂得了吴老师那番话的真正含义——记住学生的名字，很简单，但表达的意义却很重要。

（北京市门头沟区教师进修学校　李志勇）

感悟：叫出学生的名字，这是所有语言中最甜蜜的声音。这声音能敲开学生的心扉，是真正走进学生心灵世界的第一串钥匙。要做好教育工作，第一步就从记住学生的名字开始。这是对学生的尊重，也是教育成功的前提，同时也会让更多的学生记住你这个老师。

第二辑　做人·做事

一张捐款单

这是一张三好学生的奖状，它的主人叫孙宝春，是北京大兴区的一名小学生。

2008 年 2 月 19 日，《北京日报》刊登了一篇名为《8 岁女童撑起一个家》的报道：北京大兴一个 8 岁女孩孙宝春，家有患病的爷爷，聋哑的姐姐，她经常"天不亮就起床，给爷爷喂药做饭"，"自己啃馒头就咸菜，可经常给姐姐买火腿肠"；在家庭非常困难的情况下，却"帮助后进同学，热心班级事务"。一个年仅 8 岁的小姑娘，用她瘦弱的肩膀撑起一个风雨飘摇的家。吴老师看到报道后，为她的生活处境所震惊，更为孩子顽强、乐观、向上、勤奋、善良的品格所深深打动。

吴老师非常关注这件事，趁着去大兴教研活动的机会，了解这个孩子以及她的家庭情况。怎样才能给这个过早承受生活重压的小姑娘以真诚的关爱和帮助呢？吴老师和家人商量着要给孩子捐款，提供一些物质的帮助。

这个消息不胫而走，我们团队里的很多老师被这个孩子感动，更被吴老师的所作所为感动，纷纷打来电话，要求捐款。"我们为孩子捐点钱吧。""我为孩子买点学习用品吧。""我们区里还有老师想参与捐款，跟谁联系？"……于是，"为孙宝春献爱心"活动就这样开始了。

"吴正宪小学数学教师工作站"的每一位成员是那么朴实，那么可爱。他们也都是普普通通的教师，收入也十分有限，上有老、下有小，也常常会囊中羞涩，也许买一件自己喜欢的衣服还要考虑好几天，但是当他们面对比自己还要困难，比自己更需要帮助的人时，却是如此的慷慨。这就是教师，这就是榜样的力量。短短一周的时间，大家捐款1万多元。

那天，我们来到宝春所在的班，她正和同学们一起上语文课。看到这么多老师来看他们，宝春和同学们是那么高兴。跟随宝春，我们又来到了她的家，看望久病的爷爷，并把给宝春买的学习、生活用品，以及给老人买的食品和一部分捐款交给了老人。老人很感激，连声说"谢谢大家！"宝春拿起老师们买的《十万个为什么》，高兴地给大家读了一段。她读得那么流利，充满阳光的笑脸和清脆的声音，感染着在场的每一个人。

工作站成员的一封饱含深情的信，寄予了大家真诚的希望：

亲爱的小宝春：

你好！

我们是北京"吴正宪小学数学教师工作站"的老师们，从报纸上得知了你的情况。宝春虽小，但自强不息、乐观向上。这一切深深地打动了我们，你的学习、生活和成长也牵着我们的心。

今天，"工作站"的部分老师来到大兴，特意来看望我们的小宝春，大家为你准备了学习用具、课外读物和一些现金，希望对你有所帮助，更希望可爱的你，能够更加坚强、勇敢和乐观，期待你健康快乐地成长！

最后，老师们想对你说："生活就是一本书，虽然它给了你太多磨难，但是，生活会帮你插上一双隐形的翅膀，带你飞向希望，最终，所有的梦想都会开花。"

在一连串的道谢声中，满眼泪花的孩子与吴老师紧紧地拥抱在一起……

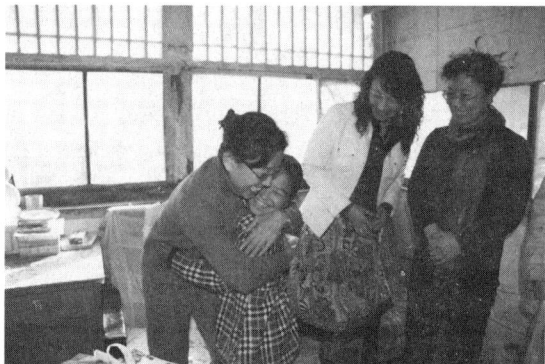

　　从大兴回来以后好几天，我们的眼前还经常浮现出那天的场景：破旧的房屋，感激的眼神，拥抱的瞬间……每个人都在思考：工作团队到底是一个怎样的集体？这次活动到底给我们带来了什么？原以为工作团队只是一个业务团队，可以就我们的课堂、我们的教学进行讨论与交流，增长教育智慧，殊不知，这一次"爱心助学"活动使我们心里泛起了阵阵涟漪：工作团队是一个充满爱心的大家庭，这里除了业务的研讨，更有心灵的净化。

　　爱亲人容易，爱朋友容易，爱班里那些有特殊需要的学生，并非每位老师都能做到。其实"爱"很简单，就体现在平时的点点滴滴，就是用心去真正地给予有需要的人帮助。吴老师用她的善良与真爱，带动我们团队的每一位成员，而我们也可以用微薄的力量，用我们的爱心唤醒更多的爱！

　　之前总觉得自己很平凡，能做好数学教学这点事就不错了，但跟着吴老师，我们能做的事更多了，我们的业务能力要发展，人格和境界也需要不断提升。

（北京第一师范学校附属小学　韩玉娟）

感悟：教师要学会播撒大爱，用大爱做小事。只有教师心中有爱，孩子的世界才会绽放光芒。没有爱就没有教育，教育情怀是教师专业发展的根，是教师专业发展的魂，更是教师专业发展的不竭动力。

深夜的一条短信

　　很庆幸，我是"吴正宪小学数学教师工作站"的首批成员。在工作站共同工作的日子里，发生过很多让人感动的故事。大家经历了艰辛，也取得了收获；体会了劳苦，也收获了果实。谁还记得清吴老师带领我们走过多少个远郊、山区的学校？谁还记得清工作站组织过多少次让老师们深受启迪的教研活动？谁还记得清为了工作我们共同度过多少个不眠之夜？然而在每次活动中，吴老师都是身先士卒，作大家的表率。

　　至今，我的手机中还留着一条短信息，时间是 2007 年 12 月 28 日 23：08，内容是："孩子，睡吧，我们还在讨论呢。"

　　那是"吴正宪小学数学教师工作站"筹备会举行之前的一个夜晚，当天是周五，团队的伙伴们结束了一天在单位紧张的工作，来到第二天要举行筹备会的北京市基教研中心会场，大家都在为明天的活动作着准备，每个人都精心地完成着自己的任务，没有一丝疲惫的感觉。时间不知不觉已经

第二辑　做人·做事

过了晚上九点半，由于我家离基教研中心比较远，所以吴老师安排我先回家。当时看着大家忙碌的身影，体会着大家紧张有序的工作状态，真的舍不得离开。吴老师劝我："让你早回家是为了明天更好地工作，你是明天会议的主持人，休息不好怎么行？"这样，我才恋恋不舍地离开了会场。到家后，我给吴老师发信息报平安，很快收到了吴老师的这个回信。

这就是在工作站工作时大家的状态，每次共同工作时大家都会被一种精神带动着，我们会忘记了困倦，忘记了疲劳，纵使每次都披星戴月，也乐此不疲，而这种精神正是吴老师赋予我们的。

在工作站刚刚起步的阶段，要做的工作非常多，也非常繁琐，但大家在吴老师的引导下，对每一件关系到工作站发展的事都非常谨慎认真，经常为一个问题讨论到深夜。有时，像我们这样二三十岁的小伙子都有了困倦之意，但吴老师还是神采奕奕，思路清晰，还时不时地开开玩笑，让大家在欢乐中驱走"瞌睡虫"。

几年间，工作站举行的丰富多彩的研修活动让老师们难忘：13 期名师大讲堂，堂堂精彩，可圈可点；读书活动让老师们享受着营养大餐。工作站的活动从教育价值、教育的主体观、知识观、课程观、教学观等众多方面为老师们做了高端的引领。工作站秉承"巧在全程设计、重在课例研修、成在后续跟进、贵在资源建设"的研修理念，开展了诸多独特创新的团队研修活动，呈现了一个个研修的亮点。而每次活动，都是团队伙伴们在吴老师的带领下，不断磨合、不断研讨、不断思索、不断创新的成果展示。谁又能知道，在这一次次精彩活动的背后，吴老师付出了多少汗水和心血？！

吴老师常说："咱们这种熬夜工作的方式是不可取的，但是只有我们努力付出了，才能让更多的年轻老师、山区老师、贫困地区的老师受益，所以我们的工作是有价值的！"

（北京市东城区灯市口小学　李继东）

感悟：和吴老师共同工作过的伙伴们都知道，她对工作极其认真负责，一丝不苟，她旺盛的精力让很多年轻人都望尘莫及，你丝毫感觉不到她已年过花甲。在我们眼中，她是一个"超人"——她有超强的精力，超强的凝聚力和感染力。

在食堂备课

这件事，已经过去快 8 年了，但至今我仍然清晰地记得，并时时回忆起，那是我第一次承担北京市数学研究课前发生的事情……

2006 年初秋的一个下午，我怀着一颗惴惴不安的心与通州区教研员一起到崇文小学，参加吴老师在这里主持的北京市骨干教师培训活动。这次来不光是参加培训活动，还有一个任务是吴老师将指导我备一节课。我们先参加了由吴老师组织的两个多小时的培训活动，活动刚一结束，吴老师一刻也没有休息，立刻开始和我们备课。虽然崇文小学的领导提出要给吴老师安排备课的地点，但吴老师为了不打扰学校的正常秩序，婉言拒绝了，随后我们来到崇文小学的学生食堂，开始了那次让我一生难忘的备课。

学生食堂很大，很干净，由于不是用餐时间，偌大个食堂里只有我们三个人。第一次与吴老师如此近距离面对面地对话，一开始我很紧张，连语言都不像平时那样连贯了。而吴老师用她亲切的话语、和蔼的神态鼓励我，没有因为我是一个不起眼的远郊区县的小老师而有一点儿怠慢，脸上还一直带着微笑。看着她鼓励的眼神，我定了定神，整理了一下思路，把自己设计的整个教学过程进行了完整的叙述。听完之后，吴老师立刻针对我的设计进行了分析，准确地找到了其中的不足之处，并指导我进行调整与修改。吴老师说话干脆利落，不拖泥带水，她的分析一语中的，字字珠玑，让我叹服，同时也让我感到自己的数学教学生命有了努力的方向和目标。

第
二
辑

做
人
·
做
事

115

当我们备完课走出崇文小学时已经是下午五点半了，由于正是北京的晚高峰时段，我回到通州的家里时已经快八点了。当我给吴老师打电话报平安时，她还在路上。我后来得知，由于当天交通不畅，吴老师回到家时已经是晚上近九点了。

这件事和之后与吴老师更多接触中发生的很多事，让我一次又一次地感受到吴老师精湛的教学技艺、无私的敬业精神，以及真诚待人、真心爱人的品性，她就像一个磁石，吸引着我们这些年轻老师。

（北京市东城区灯市口小学　李继东）

感悟：吴老师爱孩子，爱教育，于是成了一位名师。其实，吴老师不止爱孩子，爱教育，她是发自内心地爱生活，爱身边每一个人。她是个"真人"——真诚的人，真实的人，有真爱的人。

一言一行都是身教

我刚上班那年和吴老师相识，可以说她伴随了我二十多年的职业生涯，我们是师徒，更是朋友，吴老师给予我生活上的关心、专业上的指导，更给予我行走人生的精神营养。

相识——温暖的记忆

人与人相识，是一种缘分。

1993 年 11 月，校长请吴正宪老师来听我们几个年轻教师的课。那时候，吴正宪老师是锦绣街小学的一位教师，可是已经很有名气了。能得到吴老师的指点，心里既高兴又紧张。我还记得那天吴老师穿着一件咖啡色的棉衣，戴着一副眼镜，高挽着发髻，看上去很年轻。"玉娟老师，向你学习啊！"热情而亲切的话语一下子让我觉得好温暖。

那天我上的是《乘法分配律》。一上课，我将同学们分成两组，进行口算比赛，第一组，完成第一竖行，如（45+55）×7 等，第二组完成第二竖行，如45×7+55×7 等。比赛很快就分出了胜负，但是第二组的同学不服气，他们说："第一竖行的题目简单，好算，我们做的这一组不好算。""为什么第一组的题目好算呢？"同学们在老师的引导下很快发现了这一组题目的特点，与第二组的算式有什么关系呢？同学们认真观察着，计算着，很快发现了规律，然后我又让同学们自己举出一些符合这个规律的例子，用语言归纳题目的特点，找到题目的联

系，总结出乘法分配律。

一下课，吴老师高兴地拉着我的手："玉娟老师，这么年轻，课上得真好，通过比赛情境调动学生学习的积极性，创设学生的思维冲突……"吴老师对这节课给予了很好的评价，同时也给我提出了中肯的建议：教学内容还应该与生活紧密联系，课堂中还应该培养学生质疑、发现问题和提出问题的习惯等。

一个是刚刚走上工作岗位的小老师，紧张、羞涩、忐忑，另一个是享誉全国的名教师，和蔼的笑容，温暖的牵手，没有一点高高在上的架子，如此的平易近人，如此的亲切，你会不由自主地被她吸引，被她感染，希望能走近她。在我心里，除了对吴老师的仰慕，更多了一层温暖的记忆。

走近——真诚的鼓励

吴老师是一个重感情的老师，她对每个人都热情、真诚……吴老师很忙，但是她心里装着我们的冷暖，装着我们的喜怒哀乐。

2006 年，我在工作中遇到了前所未有的打击，承受了很多指责和委屈。万般无奈之下，我向吴老师倾诉我的失落与困惑。以下是吴老师回给我的电子邮件：

玉娟：

我刚刚从韩国考察回到北京就看到了你充满真情的话语，感动万分。字字情真意切，句句感我至深。

我突然觉得你成熟了许多，进步了许多。我愈加体会到：挫折是人生的宝贵财富，经历了困境，才会有更深刻的人生感悟。其实有时换个视角去看世界，换个角度去思考，会"别有一番滋味在心头"！

玉娟，不论是分担你的忧愁，还是分享你的快乐，我都感到幸福。在我人生的道路上能遇到你和你们这些能给人思考、智慧和青春的年轻人，我真的好满足、好惬意！

你加入了民进，有了自己的组织，也使我充满希望。我已认真地向组织推荐了你，盼望着你能尽快成长和发展。

从字里行间中我已感受到你很快地调整了心态，进入了更高层面的思考，"既要在成功时夹着尾巴做人，又要在失意时挺直腰杆"，多么深刻的感悟！妙哉！

玉娟，让我们共同做一个友善、宽容、聪明、智慧、善良的女人！做一个孩子、教师都喜欢的好老师。

　　谢谢你又一次给了我幸福的感受！

　　期待着你的又一次飞跃！

想念、关注你的吴老师

　　这封信我已经不知道看了多少遍，是这封信伴我度过了人生最艰难的时期，是她的真诚使我在那个"寒冷的夏天"感到了温暖。每次看到这封信，我都会热泪盈眶，都会对吴老师充满感激，对生活充满希望。

　　三个月后，吴老师到来到附小参加活动，会后她又给我发了一条短信：

　　玉娟：今天看到你和你的团队良好的状态我很高兴，你聪明智慧直率，我很喜欢，愿你不断成熟、进步，我关注着期待着，问候数学组，你们太优秀了。

　　这条短信一直珍存在我的手机里，我始终舍不得删掉，吴老师一直是我，是附小数学团队的好朋友，是吴老师的鼓励感动着我们，激励着我们勇敢地走到了今天。

　　这不仅仅是一封邮件，不仅仅是一个短信，这背后是理解，是信任，是鼓励！其实谁都希望把事情做好，遇到困难与挫折也是常有的事，在挫折或者失败面前，年轻人往往会不知所措或者意志消沉，容易迷失自我，找不到方向，"良言一句三冬暖"，此时他们多么需要得到别人的帮助与宽慰。感谢吴老师，在我人生的每一个重要关头，都有吴老师耐心的倾听、真诚的理解、热情的鼓励、美好的期待与祝福，在我成长的路上给予我精神的慰藉和继续前行的力量！

品味——心灵的感动

　　前不久，学校召开了"从优秀走向卓越——优秀教师教学实践分享交流会"，吴老师和我们一起参加教育漫谈环节，主题是"我们心目中的优秀教师"，参与研讨的老师们从各个不同的角度说出了对优秀教师的认识，并且从不同角度对我给予了高度评价。在师父面前，得到大家的肯定与认可，我的内心不时地掠过丝丝喜悦。

"听到大家对玉娟这样的肯定，我很为她高兴。"吴老师接过话筒，"专业上的付出和成长我就不多说了，今天我从另一个角度谈谈我认识的玉娟。"吴老师看了看我，拉起我的手，"在我发言之前，我一定要带着她好好感谢一个人，玉娟是个好孩子，刻苦、勤奋、直爽、率性，但是也有点小个性……如果没有这个人的包容、理解和支持，她就没有今天。这个人就是她的校长——张忠萍。今天我一定要带着她给张校长深深地鞠上一躬，感谢忠萍校长的大气、包容和这么多年的关爱！"吴老师拉着我走到校长跟前，带着我给校长恭恭敬敬地鞠了一躬。校长把我们紧紧地搂在怀里。

此刻，泪水模糊了我的双眼，很多老师也都热泪盈眶。大家并不知道这深深的一躬背后有多少故事啊。吴老师的回忆又把我带回那个青涩而幼稚的年纪。

年轻时的我很任性，很固执，遇事急躁，不会跟别人沟通，总是站在自己的角度想问题。事实上，由于我的任性与固执，我不止一次与校长"针锋相对""面红耳赤"，事后难免心情郁闷，诸事不顺，多次有离开一师附小的念头。就是这样，校长也没有放弃对我的培养与支持，不断地给我创造条件，搭设平台，才有了今天的我。

虽然已经过去多年，但是我对校长一直心存愧疚，这愧疚一直深深地埋在心里，从来没有表达过，也从未跟人提起过。那一天，吴老师拉着我的手，带着我给校长鞠躬，真的有一种"知女莫如母"的感觉啊！她拉着我的手，就像是妈妈拉着女儿的手！在我跌跌撞撞前行的路上，我想到的，她帮我做了，我没想到的，她也帮我做了。这深深的一躬，不仅仅是感谢，更让我懂得感恩，感恩生命中遇到的那些贵人，时刻记住生命中的美好！

细细品味这深深的一躬，一种从未有过的幸福从心底油然而生，因为我有这样一位容我、帮我的校长，有这样一位懂我、爱我的师父。

引领——生命的成长

吴老师关心我思想的进步和心灵的成长，引领我做一个全面发展、积极向上的社会人。

2004年，吴老师把我领进民进的大门，成为了一名民进会员，使我有了自己的组织，有了归属感。

有一次民进崇文区工委要组织民进会员到房山进行支教活动，委托我跟吴老师联系。我犹豫着给吴老师发了短信，心想吴老师太忙了，她未必能参加。没想到，她很痛快地答应了："我曾是崇文民进的会员，民进的活动一定要参加，为郊区的教育作贡献，我更是义不容辞。"

那次活动，虽然规模不大，但是非常成功。午饭以后，她又匆忙地赶往下一个会场。没有一分酬劳，但她是那样的快活，并真诚地与我们相约："下次有活动一定通知我！"看着她劳碌奔波的身影，我们真是心疼。

吴老师太忙了，打电话找她总是早上六点半以前和晚上十点钟以后，她的工作时间早已不是用8小时来衡量了，有的时候，我们真不忍心再给她添麻烦，拿起电话也总是长话短说。即便那么忙，她还来参加这样一个义务支教活动，从她身上，我看到了责任，看到了奉献，看到了大爱，也使我看到自身的浅薄与努力的方向。

多年来，吴老师带着我走进边远山区义务支教，为优秀而又贫困的郊区学生捐款，看望生病的农村老师……在吴老师的关心与帮助下，我迅速成长为民进北京市市委委员，并成为一名区政协委员，出色完成自身工作的同时，关注社会焦点，关注教育热点，为教育发展和社会进步建言献策。

2008年，我进入"吴正宪小学数学教师工作站"，在自身成长的同时，建设我们的数学团队，开展教学研究，提升教学水平，同时承担大兴团队的指导任务、网络培训任务、各种支教任务，在为北京郊区教师服务中历练自我、挑战自我。每一次任务，我都是全力以赴，我知道这是吴老师对我的信任，她相信"我行"，我不能辜负，在一次次摸爬滚打中，在一次次"痛并快乐"的深刻体验中，我实现着一次次蜕变与超越……

（北京第一师范学校附属小学　韩玉娟）

感悟："学高为师，身正为范"，师者，需有博大的教育情怀与高尚的人格魅力，一言一行都是身教，点点滴滴都是师表！师者，基于尊重！师者，善于理解！师者，甘于奉献！师者，乐于鼓励！

第二辑

做人·做事

青花宝光润泽我

我到故宫参观，一尊明青花瓷瓶，引得我驻足观赏。"素胚勾勒出青花，笔锋浓转淡"，眼前的它，没有雍容华贵的外衣，没有绚丽夺目的光彩，简简单单的白底蓝彩，较之皇宫的金碧辉煌尽显隽逸。

游客们也低声赞叹它的美，耳边传来导游的介绍："这件青花瓷器清雅、明净、高贵，那是因为它的贼光消失了，宝光就生起来了！"

"什么是贼光？"我问。

"贼光就是不知收敛、不含蓄、不细腻、不温柔、不隐藏的光。"

"哦！"我恍然大悟，经过岁月的洗涤，贼光消失，而同时产生的是安静、优美、内敛的珍宝之光呀！这就是古瓷的魅力吧！此时，我的眼前不禁想起导师——吴正宪老师，她，不就是眼前这尊明青花瓷吗？经数十年的修炼，静静地散发珍宝之光，润泽她身边的每一个人。

坚守之光

《周易》曰："天行健，君子以自强不息；地势坤，君子以厚德载物。"吴正宪老师以她自身的行动完美地诠释了这句话的内涵。

在跟岗学习的两个月里，我们跟随吴老师参加小学教学研讨，跑遍了大半个北京城，尤其是北京的边远山区。吴老师每到一处，无论上课还是讲座，都喜欢留一些时间与老师们交流，提问。

老师们问得最多的是"吴老师，为什么你的课堂总是充满了激情？""因为我爱我的学生。"多么简单、质朴的语言，没有任何的修饰但却道出了教育的本质和真谛。吴老师正是因为发自内心地爱她的学生、爱她的数学课堂，所以三十余年她始终没有离开课堂。"一切为了孩子"是她的教育思想核心；"创造孩子们喜欢的课堂"是她多年来努力的目标。

我在一线从事了二十多年的教学，面对教育实践中一个个这样、那样的问题，有时用书本上的理论解决问题，似乎并不奏效，教科研之路似乎越走越窄。这些问题和困惑有时会让我疲惫，让我懈怠，让我想要放弃。

吴老师的坚持与奉献，吴老师的热情与执著，给了我莫大的鼓励，我知道只要我们怀有一颗坚忍不拔的心，坚守着那份理想，默默地付出、奉献，默默地等待，等待生命中的那滴水、那场雨、那束阳光，等待生命中那个特定的时刻，我们就一定会凌空而飞的。认准一个目标坚持不懈地做下去，才可能有所成就。

启迪之光

颜渊赞孔子："夫子循循然善诱人，博我以文，约我以礼，欲罢不能。"作为一个教育工作者，"不愤不启，不悱不发"始终是十分重要的。

前段时间，吴老师在宣武区师范学校第一附属小学执教《乘法分配律》一课，吴老师创设了以下教学环节：让学生从具体的情境中发现算式——观察算式，有什么感觉？根据感觉你会继续写出这样的算式吗？这些算式有什么特点？请写出来。学生写完后，吴老师展示了学生写的发现，在交流、评价中逐步引导学生用自己的语言表达乘法分配律的内容，哪怕学生的语言很稚嫩、很不完整，吴老师总能从中捕捉有价值的信息进行鼓励和引导，孩子们不断地修正自己的语言，终于准确地表达出乘法分配律的内容，学会用符号表达的方式。这个抽象建模的过程不是吴老师说出来的，而是学生在体验中感受到的。

课堂上吴老师给足了学生思考的空间，耐心地等待学生的发现，整节课黑板上所有的式子是学生写的，所有的问题也是学生提的。课结束后，吴老师让同学们说说自己的收获，一位学生说："我一辈子也写不完的东西竟然用这几个字母就给表示了，数学真伟大呀！"多么精彩的语言呀！全场的听课教师给予了热烈的掌声。

这正是吴老师常说的，一节课上完了，要让学生自信，要让学生有收获，小

做人·做事

学的课堂要简洁朴实，要讲儿童的话，要让儿童讲话。

每次听吴老师上课，我总是被她和学生"思维共振、情感共鸣"的精彩互动场景感动，被孩子们乐学的氛围震惊。这就是吴老师的教学智慧，她善于为学生搭建展示智慧的舞台，让每个学生尽情展示自己的才华。

我在教学中常常有这样的困惑，某个问题我已经讲过了，甚至已经讲了好几遍，怎么学生还不明白？以至于当学生课后作业出现错误或再次问到这类问题时，我忍不住脸色涨红想发怒。其实静下心来想一想，应该是我们教师自己做出改变，站在学生的角度考虑问题，找到合适的教学方法。

真诚之光

初次见面，吴老师是那么的亲切、随和，跟她谈话一点儿也不拘束。她真诚、直率地告诉我们："看得出你们是来学习的，这样就好，我可以多安排些任务给你们，你们在实践中会学到更多东西，带回去可以服务学生。"真诚是吴老师待人处世的最大特点，越靠近吴老师就越被她的真诚打动着、温暖着。

记得有一次，我们随吴老师参加教研活动。吴老师给在场的老师们上了《乘法分配律》一课，并做了讲座。活动结束已经五点多了，学校的校长嘱咐一位老师开车送吴老师回家，本来不打算麻烦那位老师，因为吴老师知道那位老师孩子小，需要照顾，但是又不好拒绝那位校长的盛情，所以吴老师带着我们欣然上了车。等车驶离学校一段距离后，吴老师诚恳地要求那位教师让我们下车，说我们自己打车回家。在吴老师的一再坚持下我们三人下了车，吴老师又细心周到地把我们送到了宾馆。她说："你们是外地人，把你们安全送到宾馆，我才放心。"此时，我们的心中充满了温暖与感动，为她的真诚与善良。

（福建省福州金山小学　郭宝珠）

感悟：吴老师在课堂上泰然自若，让她的学生幸福快乐地成长；生活中她沉静谦卑，保持着她的知性、清净和澄明；在与人交往中，自始至终都保持着一颗诚挚的心，温润着她身边的每一个人。

与吴老师交往二三事

我是吴老师的徒弟，我和吴老师之间有许多故事，她是我教育路上的圆梦之人。

一

刚刚走上讲台的时候，曾经听过吴正宪老师的一节数学课《圆的认识》，课堂上吴老师的循循善诱、孩子们的积极投入、课堂和谐融洽的气氛等都让我震撼，原来数学课堂可以如此精彩！从此，吴老师在我心里留下了永远抹不去的记忆，从此我在心里许下一个愿望——拜吴老师为师。这个愿望在心中藏了十年。

2001 年 12 月，北京市教委启动"特级教师行动计划"，教委领导亲自带领特级教师深入偏远山区进行讲学支教活动。非常幸运地，吴老师走进了门头沟，走进了我所在的学校——大峪第一小学。吴老师听了我们四位青年教师的课，课后与大家进行了深入的交流。三个小时的座谈，吴老师是那么热情亲切，平易近人，就像是我们的老朋友。我们不但被吴老师炉火纯青的教学艺术所折服，更被吴老师高尚的师德和真诚所感动。那时，深藏心底十年的愿望再也遏制不住地迸发出来。学校领导也洞悉了我们的愿望，积极努力与吴老师联系，表达了我们的愿望，没想到，吴老师没有丝毫的犹豫，十分爽快地答应了，她说："作为特级教师，我们更应该为远郊区县的老师们服务，我非常愿意与你们几位青年教师一起研究实践。"就这样，我和学校另外三位年轻教师成为了吴老师在远郊区县收下的首批弟子。

清晰地记得，在拜师会上，吴老师语重心长地对我们说："做好教师，先得做好人。不管走到哪里，人品、师品最重要，做人就要做真人，做正直的人，做善良的人，做对国家、事业有用的人。作为教师，高尚的师德最重要。"吴老师这样教育我们，更用她自己的行动为我们示范。

她热爱教育事业，热爱学生，也热爱我们这些年轻的教师。每次听吴老师讲课，不但是学生不愿下课，我们这些青年教师也不愿离开。在她的课上，我们看不到对孩子的否定，更没有指责和批评，她总是以热情的鼓励、耐心的等待和巧妙的疏导与孩子们同喜同忧；她总是那么善于引导孩子们的争论，让孩子们在相互争论中体会数学知识的科学性和严密性；她总是善于为孩子们的心灵碰撞搭桥，与孩子们思维共振，情感共鸣；她总是把孩子们放在第一位，给他们更多的自由和发展的机会。

吴老师常常用这几句话告诫我们：给孩子一些权利，让他自己去选择；给孩子一个条件，让他自己去锻炼；给孩子一些问题，让他自己去探索；给孩子一片空间，让他自由去飞翔。她一直是在用心去教学，只要是与教育教学有关的事情，只要是对学生发展有利的事，只要是对老师们有帮助的事，她都感兴趣，都能投入极人的热情。

她告诫我们这些年轻的老师："无论做什么事，要么不做，做就要努力做好。"当我们取得成绩的时候，她又能及时提醒："再学习，再努力，要对得起大家的厚爱。"她为我们每个人量身定制了培养计划。为了提高我的写作水平，她亲自给我修改文章；为了锻炼我的讲课能力，她带我参加各种教研活动，提供机会让我上讲台，或与我同台上课。吴老师推荐我参加课堂教学交流活动，期间亲自帮我备课，听我试讲。现在回忆起那最后一次试讲，我的心里仍然感觉无比歉疚。事后很久才知道，吴老师那天是刚从医院看完病赶来听我试讲，而我只专注于自己的讲课，完全没有注意到吴老师的身体。当我取得全国第十八届小学数学年会录像评优课一等奖的时候，吴老师在祝贺我的同时，又谆谆教导："丰莲啊，面对成绩，一定要保持平和的心态，我们都需要继续努力，要对得起大家对我们的厚爱。"

二

我成为东辛房小学校长以后，想请吴老师到我的学校去指导教学，又担心吴老师事情太多安排不过来。还没等我开口，吴老师却亲自打来了电话，祝贺我当校长的同时对我说："丰莲啊，好好干，带好一所学校不容易，需要我帮你做什么就尽管直说。"那时候，我心里有说不出的温暖。

不久，吴老师带着工作站团队来到我的学校，听了我校刚刚工作半年的青年教师讲课，与老师同台互动，与孩子亲切交流，与参会老师一起研讨。我们那所学校只是一个拥有600多名学生和教师的农村小学，吴老师不嫌不弃，再一次用她的真诚和教学艺术感染了我校的孩子，感染了我们的青年教师，感染了参会的所有人。吴老师对我校成立的"青年教师春蕾工作室"很是认可，答应把我校青年教师培养与"吴正宪小学数学教师工作站"的工作结合起来，让我们的老师参加工作站的教学研讨活动，为我们搭建学习的平台，帮助我培养青年教师。在会上，吴老师满含深情地说："只要学校有需要，老师们有需要，我保证随叫随到。"这句话让所有在场的人羡慕不已。大家都说我能遇到这样一位名师，真是前世修来的福气。

在吴老师的指导下，数学学科成为我校进步最明显的学科，并通过数学学科带动各学科深入开展研究。短短一年时间，学校的教学研究氛围空前浓厚，老师们感受到了教学研究带来的无限乐趣，"春蕾工作室"的青年教师更是成长迅速。

三

一晃几年过去了，在吴老师的影响下，我快速成长了起来。由于工作需要，我调到门头沟区教委工作，任教委副主任，主管基础教育和人事工作。吴老师一如既往地关心着我，爱护着我，就像朋友，像大姐姐。"丰莲啊，做了教委领导，站位要更高，眼光要放得更远、更宽。教育质量的提高，关键在教师，如何带出一支高水平的专业化教师队伍，是你需要思考和抓住的问题。"因此，我把目光盯在了"吴正宪小学数学教师工作站"上。当年由于我做校长没有进入工作站，真是一个无法弥补的缺憾，这一次，我要把吴老师的团队资源引进门头沟区，要在门头沟建立工作站分站，借助吴老师和团队的力量，历练出一支门头沟的优秀小学数学教师队伍，并以此为突破口，辐射到各个学科，创新教研机制，培养优秀的师资队伍。

我的想法和请求，得到了门头沟领导的支持和广大一线教师的认可，当然也得到吴老师的支持。她提出了更高的要求："工作站分站要成立就要做事，要真正通过几年的时间解决门头沟小学数学教师发展中存在的问题，真正能够为老师服务，为学生服务。"在教委领导与吴老师的几次商洽中，分站的筹备工作顺利进行，吴老师亲自指导分站方案的制订、课题研究的申报，嘱咐我们筹备的过程就是学习研究的过程，就是锻炼成长的过程，挂牌只是个形式，我们要做的是落在实际工作之中，真正做好研究，解决教学中的真问题。

如今，在吴老师的指导下，分站团队的教师们迅速成长了起来，山区老师有了和城区老师一样的学习研究的机会，他们能够经常得到工作站专家的指导，他们能够经常走出去与优秀教师同台上课，他们在分站这个平台上汲取营养，迸发激情，碰撞思维，实现突破。

看着这一支迅速成长的门头沟小学数学教师队伍，我在为之自豪的同时，最不能忘记的就是吴正宪老师和她的小学数学教师工作站团队。

写到这里，我不得不多写一笔，说说18年前吴老师收下的四位徒弟的现状。任全霞，作为一校之长，正引领着山区一所小学探索着"和雅致远"教育，全校教师在以文化立校、课题+项目研究、课程整体育人为主要实施路径的道路上，努力实践、奋进前行。李志勇，门头沟专家级教研员，主持"吴正宪小学数学教师工作站"门头沟分站。作为站长，他起到了很好的传播、辐射、引领作用，带领门头沟小学数学教师享受着职业幸福。刘文波，全国优秀教师，北京市特级教师，曾经两次受到习主席的亲切接见。如今她仍然坚守一线，用实际行动践行着自己"要成为一名优秀的数学教师"的教育信仰！当然，还有我这位领导岗位上的新兵。

或许，工作稍空闲些，我会挥笔再作"吴老师和她门头沟的四位徒弟"，讲述更多鲜活的故事，令人感动的故事……

（北京市门头沟区教育委员会　白丰莲）

感悟：从初为人师到走上领导岗位，任区教委副主任，一路走来，都有吴老师的相伴，都得到吴老师及其团队的悉心指导、无私的帮助和支持，这样的成长经历多么幸福，多么让人羡慕！吴老师是值得敬重的，她是很多青年教师人生中的"贵人"，她帮年轻人圆梦，无私地给予各种帮助，为他们指引专业发展的方向，使他们一步一个脚印迈向成长的阶梯。

"小马"和"老马"的故事

    2012 年 4 月 19 日，吴正宪老师带领工作站的老师们到京郊密云山区的东邵渠小学开展教学研讨活动。作为"吴正宪小学数学教师工作站"的代表，我向大家介绍了农村教师专业成长的历程。当我的 PPT 中出现我曾经参与教研活动发言的一张照片时，坐在下面的老师随口说了这样一句话："张永变'大'了，吴老师'小'了。"

    照片中的我很突出，高高大大，正在发言，照片中的吴老师却实实在在地成为了一个配角，和我比起来显得有些瘦小。吴老师抬着头，专注地看着我，目光

中充满着期待与信任。

听到老师们的话，吴老师马上起身，笑盈盈地对我说："张永，你听到了吗？张永大了！大家都希望你成长得更快些，变得越来越强大！谢谢老师们这样幽默的点评。我也愿意和大家一起努力，让张永和像张永一样的山村教师尽快成长起来，不论从个人成长上，还是专业发展上都变得越来越大！"此时，台下响起了热烈的掌声。

老师们幽默的话语，吴老师殷切的期盼，给我留下深刻印象，至今想起来内心仍然不能平静。

一、我做主持人

2008 年初秋，"吴正宪小学数学教师工作站"成立初始，我接到了吴老师的电话，电话那端传来她亲切的声音："张永，咱们工作站已经成立了，大家的个人规划也都设计完了，我们要开一次个人成长规划交流讨论会，这次的规划会就由你来主持，你愿意吗？"说心里话，接到这个电话还真是挺意外的，"吴老师，我没主持过，心里没底，干不好吧，再说，有那么多优秀老师呢，还是让其他队员主持吧！"话还没有全说完，吴老师便充满信任地说："没事，我看你行，你就准备吧，有什么问题，咱们再交流。"就这样我接下了吴老师布置的任务，但是这个过程的难处我自己知道，我一个山村老师很少参与这样大型的研讨活动，也没在这样的大场合发过言，更别说主持了，当时真的是硬着头皮准备。唯一能够安慰自己的是，吴老师把这么重的任务交给我，那是信任咱呢，得好好干。

我不断与吴老师沟通，确定会议主题，了解工作站老师们的个人规划方案。

主持那天，我紧张得手心里直出汗，也有一点磕磕绊绊，虽然算不上完美，但还是比较顺利地完成了团队交给的任务。在研讨中，我不知不觉进入了角色，不时修改着自己的个人成长规划，适时点评队员的规划哪里做得好，哪里还有改进的空间。一段时间后，我碰到吴老师问起她，放着那么多现成可用的人不用，工作站的第一次大活动干吗非要我主持？弄不好多丢人呀！吴老师听了之后温暖地一笑："那天你不是主持得挺好吗？我倒觉得我们数学老师不仅仅是一个会上课的老师，也更应该成为一个专业的数学主持。你的课堂不就是在主持学生讨论数学问题吗？再有，你总觉得自己不行，但事实证明你是能做好的，只是少了那么一点自信。虽然你在山区工作，但一点不比别人差，说出你的想法，多历练自己，有问题时大家会帮你。"那一刻，我感受到了团队的温暖和力量。

时间过得好快，到现在我越来越能明白吴老师的良苦用心。她想通过一次任务的准备增强我的信心，让我这个山村老师不再自卑。她也在告诉我，只要努力，肯付出，问题就不再是问题了。从密云的山村小学到北京市区三百多里，从那次主持过后，我忽然觉得我和市区的老师比起来，也仅是物理间的距离，他们能干好的事，我也行。

二、做个简单的人，就不累了

和吴老师接触过的人都会被她那春风扑面的热情所感染，和她在一起不觉得累。和吴老师在一起的日子里，她不仅仅关注我个人业务的成长，也常常和我谈工作谈生活。记得有一次，吴老师问我："最近工作怎么样？累吗？"她这一问好像打开了我的话匣子，我一股脑把工作中的烦、累，人际关系的复杂都说了出来。吴老师始终默不作声，认真地倾听我的抱怨和牢骚，沉默了一阵之后，她对我说："其实就干工作本身来说，只要人勤奋，不懒惰，是累不坏的。人之所以觉得累，那是因为心累。心累，才会让人感觉到真正的累。要想不累，简简单单做人，踏踏实实做事。心放下了，安静了，简单了，人就不累了。"说实话，当时的我不太能明白吴老师的话。在后来的工作生活中，我才慢慢悟到了吴老师的话的含义。"做个简单的人"也成了我在生活、工作中的座右铭。

一个教师的成长除了要精通自己的业务之外，更要学会处理好生活工作中的琐事。吴老师常说，用纯净的心做教育的事。幸福是通过自己的努力奋斗得到的。当自己进步时，也学会为他人服务，学会把专业的服务送给最需要的人，这样就能与大家一起快乐地享受高品位的教师职业生活，这才是教师成功和快乐之所在，才是我们团队所追求的。

三、马的精神是什么？

我和吴老师都属马，吴老师大我两轮。闲来无事的时候我和吴老师开玩笑：您这匹老马带着我这个小马一起干活，干得很快乐。吴老师说：我们是有缘人，两匹马走到一起，共同研究做事多好呀！

吴老师问我："张永，你知道马最突出的特征是什么吗？"我说："能吃苦肯负重，还很忠诚。"吴老师笑着说："是啊，人应该向马学习。做人就应该像马一

第二辑

做人·做事

131

样的善良、忠诚、重情感，同时马也是吃苦耐劳、刚毅、坚强、智慧的化身。"我不由自主地想起了"老骥伏枥，志在千里"这句话，这正是对马的精神最好的解读。

每年的 6 月 18 日是我们工作站总结的日子，也是向大家汇报工作的日子。作为工作站的代表，我参与了工作站工作的汇报。按要求我的发言是 6—8 分钟，说心里话，对这个发言，我并没有太在意。只有几分钟，简单说说自己的进步，不就行了吗？还有那么多队员老师想讲讲自己的成长故事呢。准备前期，我把我的发言稿发给了吴老师，很快，她便给了我回复，逐字逐句地对我的发言稿进行了批改。看到吴老师的回复，我有些吃惊，她连一个问号和句号的使用都进行了修改，满篇都是她涂改的印迹。很快，吴老师给我打来了电话，告诉我在 6 月 17 日之前，必须打电话和她再讨论一次，她要亲自听听我的发言。吴老师太忙了，我打了几次电话，她不是在开会，就是在主持研讨活动。我当时想，就这样一个短短的小发言，让别人听听不就行了吗，吴老师工作那么忙，何必呢。

16 日的下午，我接到了吴老师的电话，电话那端的吴老师说："张永，真对不起，都好几次了想与你聊聊，也没说成，刚才我已经在现场把其他老师的发言都听了，讨论过了。你离市区比较远，所以我没叫你过来。我马上还有点事要做，今天晚上八点后，你给我打电话，我一定听，你看好吗？"我很惊讶，吴老师还真是一个个挨着个的都听呀。此时，我正好在单位值班，便一字一句认真地准备起发言稿来。晚上 8 点，我把电话打给吴老师，电话那端环境比较嘈杂，"张永，我还在往家赶的路上，现在周围人多声音大，稍后我到家后打给你。"快到晚上 9 点的时候，我接到了吴老师的电话，电话那端的吴老师，声音还有些微微沙哑，看来她还没来得及休息一下，就这样我便开始了电话中的发言练习，正说着的时候，电话那端传来了别人的说话声。吴老师打断我，"张永，你不是在学校值班吗，那就再晚些好吗，韩玉娟老师（会议主持人）过来跟我确定会议的一些情况，太晚了，要不然她回家不方便，就先耽误你的时间吧，你看可以吗？"就这样我在晚上 10 点钟以后才正式和吴老师开始了交流，电话里吴老师不时地给我肯定，并且一再嘱咐我，"张永，咱们都是基层最接地气的老师，不用说那些套话、空话，就认认真真把自己在工作站这些年中感受最深、触动最大、变化最明显的体会讲给大家听，讲你和孩子们的真实故事。切记，朴实的、原生态的才最美的。"就这样，边说边改，等我说完已经接近晚上 11 点钟了，不知道电话那端的吴老师是不是可以休息了。

吴老师的几句嘱咐，令我茅塞顿开，记忆的闸门一下子被打开。在工作站学习、研究、实践，许多往事刻骨铭心，挥之不去。从前我是一个不善言谈的小老师，到城里学习开会就坐在会场的旮旯里听别人说。后来，在工作站，有了团队，有了伙伴，有了对话的平台，我敢说了，能说了。如今，我也能勇敢地站在大家面前，从容地讲课，做"报告"，把我的所学所思所想，跟大家分享。顿时，三个词在我脑海中闪现出来——"听话""对话""讲话"这三个词串起来，不就是对我成长历程最客观、最真实的描述吗？

夜很深了，我还沉浸在深深的思考与吴老师交流的兴奋中。就在这样宁静的夜晚，在北京密云山村太师屯镇中心小学的值班室里，我让自己激动的心情平静下来，一气呵成，完成了这篇题为"听话—对话—讲话"的发言稿。

撰写发言稿对我而言是一次脚踏实地的反思。虽然发言只有短短的几分钟，但这个过程却让我学到了许多东西。吴老师和整个团队就像坚毅的马，干什么事情都是那么执著，那么认真，那么一丝不苟。从此，我更加深刻地理解了马的精神，理解了吴老师作为工作站的领头人的责任与担当。从此，我不再懈怠。

（北京市密云区太师屯镇中心小学　张　永）

感悟：在"老马"的教导、示范下，"小马"也觉醒了，领悟了，从最初的不自信变为今天的自信，并且从此"不待扬鞭自奋蹄"，变得更加勤恳、认真。年轻教师的成长离不开吴老师的帮助和支持，她总是关注年轻人的成长，并且尽全力为他们的成长助力，"吴正宪小学数学教师工作站"也成为越来越多年轻教师的成长平台。

再忙不能忙丢了……

2004年9月，我成为北京市郊区县的一名小学数学教研员。在这之前，我和吴老师并无交集，唯一能一睹芳容的是她上课的光盘，她的课堂深深吸引了我，我多想亲眼见见吴老师，听听吴老师的现场课。

追随吴老师做教研成为我的渴望："我是一棵小小草，只要您给点阳光，定会给您整个夏天。"这是我当教研员两个月时发给吴老师的短信。"慢慢努力，定会有铁树开花的一天。"吴老师的回信至今难忘，它给了我努力和前行的信心。

再忙不能忙丢了承诺

2004年11月的一天，天色已晚，我想和吴老师交流课题研究的事。知道她来顺义调研，晚上在顺义驻会，于是我小心翼翼地拨通了她的电话，自我介绍道："吴老师好！我是顺义的教研员张秋爽。"电话中隐约传来会场的讨论，只听吴老师压低声音说："我还在开会，散会再联系。"回到家，我并未把这句话放在心上，心里充满了歉意，那么晚了吴老师还在忙，我怎么忍心去打扰她？再说了，吴老师兴许对我这个新教研员还对不上号呢，于是我关上手机做家务。晚上8点多，家中的座机响了起来，我拿起电话，原来是吴老师打来的，我把工作中的困惑一一诉说给她听，吴老师耐心地逐一解答，并提出了有价值的建议，惊喜之余我备受感动！事后才知道，我手机关机了，吴老师颇费周折才从同事那里打听到我家里的电话。"再忙不能忙丢了承诺"，这是吴老师用行动传递给我的做人底线。

再忙不能忙丢了健康

2006 年 9 月的一天，和吴老师、周玉仁教授等十来个人开会，商讨教育部远程培训的事宜。坐在会议室里，抬眼看去，只有自己一人是远郊区的，我心里直打鼓：我能行吗？一个刚刚步入教研员两年的新兵，我的专业水平能胜任吗？吴老师好像看出了我的心思，一边布置工作一边微笑地看着我，这微笑给了我莫大的鼓励与安慰，心里的疑虑慢慢消失。

接下来就是紧锣密鼓的筹备：调查教师需求、寻找困惑、制定问卷、召开座谈会、撰写方案、设计课程、录制剪辑、审查……一干就是 5 个月。吴老师身先士卒，带着我琢磨问卷、精选案例、剖析现象、正确归因、解决问题。

我跟着吴老师一点一点地学习，积累专业知识，汲取专业精华。刚开始跟着吴老师做事，我最难为情的是有时听不明白，误解了她的意图，吴老师总是不急不躁，耐心指点我。在筹备教育部交给的国培任务中，时间紧，工作量大，可是不管多忙，她总是精神饱满，井然有序地开展工作。我特别钦佩吴老师的精气神，工作多，任务急，几乎天天加班，有几次忙到凌晨了，她还没有睡意，一丝不苟地和剪辑师一同审课程，其他老师早已让吴老师"打发"回家了，"再忙不能忙丢了老师的健康！"她的心里总记着别人，却忘了自己。

再忙不能忙丢了感情

吴老师是一位非常重感情的人，她珍惜友谊，与她相处你会感到浓浓的人情味。每逢节日，我们都想给吴老师发条短信，表示心中的祝福，时常是编好的短信删去又编……这些年都不敢发了，只是在心里默默地祝福她。因为你的每一条短信发出去之后，返回来的话语字更多、情更长，因为吴老师是用心在和你交流，字字句句都是从她的心底流淌出来的，一点也不敷衍，一点也不慢待。不管是有头有脸的名人，还是边远山区的小老师，或是曾经有缘相识的孩子，她都一一回复。我们心疼永远忙碌的吴老师，放假了让她歇歇吧，好好陪陪家人吧。

熟悉吴老师的人都知道她的家庭观念很重，她爱她的家人。有一次团队应云南西双版纳的学校邀请去讲学，车子行走在山区的小路上，突然一片开阔的橡树林出现在眼前，工人们正在为橡树割胶。吴老师请司机师傅停下车，认真地录下了割胶的全过程。乳白色的橡胶一点一点地滴入早已拴在树上的小瓶里，工人师傅小心翼翼地将它存储起来。吴老师说这个视频要带回北京去，回家给小外孙上的第一课就是"工人叔叔割橡胶"。我们纷纷感慨吴老师的用心良苦。吴老师再忙也没有忽略对家人的关爱，对家人的付出。

发邮件、打电话，是我与吴老师交流的常态，每一次我们在电话中讨论完工作后，吴老师都不会忘记问候一句："全家都好吧，问小苏好！"（小苏是我爱人）这句暖心的话语，总是让我很感动。与吴老师一起工作总能收获很多东西，除了专业水平的提升，还有情感的慰藉，因而在一次次倦怠时我总能咬紧牙关坚持下来，最终完成一个个项目。

吴老师的工作特别多，所以她总是很忙，但她心里牵挂着那么多人，无论多忙，她也没有忙丢了情谊，每个和吴老师有过接触的人都能感受她的真诚与情谊。

再忙不能忙丢了思考

随后的几年，吴老师带领团队先后承担了教育部西部农村中小学现代远程教育工程培训、联合国儿童基金会项目、新课程培训、新课标解读、教育部网络社区项目等。每一个项目，我们都精心准备，圆满完成。我们花大量时间进行顶层设计，同时积极参与实践，之后又用大量的时间回顾、反思与总结。

不记得有多少次因为讨论、推敲活动的细节而忙到凌晨之后才回家；也不记得为了修改一篇文章，邮件往来了多少次。

吴老师是一个追求完美的人，为了出色地完成各项任务，吴老师舍弃了个人的娱乐，成就了自己的职业理想！吴老师说再忙不能忙丢了思考，我们跟着吴老师在忙碌中积累了专业知识，积累了教学经验，更积累了反思能力：数学教育要追求传递知识、启迪智慧、完善人格；数学教学不仅要教过程、教本质，更要教思想方法。

吴老师总是会给想长大的小苗以机会，精心呵护一颗颗小苗慢慢成长！我们工作站的成员都在她的关心与照顾、鞭策与鼓励中逐渐成长起来。我也从她那里学到了自觉呵护小苗的意识，给想干事的人机会，给会干事的人搭设舞台，让更多的年轻人成长起来。

（北京市顺义区教育研究和教师研修中心　张秋爽）

感悟：虽然教师们都在年复一年、日复一日的教学工作中忙碌着，但是再忙也不能忘了对他人的承诺，再忙也不能不顾身体，再忙也不能忙丢了感情，再忙也要给思考留出时间……教师的成长是缓慢的，不仅需要自身努力，更需要来自专业人士的点拨和引领。

第二辑

做人·做事

做一个静静的麦田守望者

2013 年春暖开花时节，作为"福州市林碧珍名师工作室"的成员，我有幸到北京"吴正宪小学数学教师工作站"研修两个月，师从全国著名特级教师吴正宪老师。

记得那天飞机晚点了，到北京已是夜幕降临，我刚到宾馆收拾好行李，电话就响了，"慧榕啊，你到北京了吗？我是吴老师。"吴老师居然先给我打来电话了，真的是吴老师吗？我简直不敢相信自己的耳朵。我激动得不知对吴老师说什么，只听电话那头的吴老师关切地问："宾馆安排好了吗？今晚好好休息哦，明天我们的学习活动正式开始。"以前我都是在台下，更多的是在录像里见到吴老师，今天晚上，吴老师给我打来了电话，那么关切的话语，就像长辈对出远门的晚辈的关心，更像是对一位老朋友的问候。没想到吴老师这么平易近人，让远在异乡的我倍感温暖。

人课合一

"吴老师，我来说！"这句话，常常能在吴老师的课堂上听到。吴老师的课堂是充满自由与思辨气息的课堂，是对话的课堂。令我特别惊叹的是，吴老师就像一位神奇的魔法师，在她的课堂上，学生们都变聪明了，有那么多的奇思妙想，都那么迫不及待地想表达。吴老师的课堂语言是那么巧妙、灵动、贴心，如吴老师在教学《商不变规律》一课，她在让学生观察情境图时说："同学们，你们要睁大数学的眼睛去观察。"当学生在黑板上展示自己的想法，书写不够整齐时，吴老师说："虽然歪七扭八的，但是很有思考，如果能写得漂亮些，就更完美了。""请同学们看看第一道算式，再看看第二道算式，你有点感觉了吗？"作为听课的教师，我们也在一次次地感觉着学生的"感觉"。

课堂上师生的语言与眼神、理性与情感完美融合，师生共同经历了美妙的学习之旅。人即是课，课即是人。一位好老师要不断地提升自己的个人修养和专业素养，才能做到人课合一。

"谢谢你的努力和付出！"

吴老师常说："一个教师是在完成一个个充满挑战性任务的过程中成长的，名师不是吹出来的，而是要脚踏实地一点一滴做出来的。"5月初，"吴正宪小学数学教师工作站"承担了国家教育部及中央电教馆的"教学点数字教育资源全覆盖"，内容包括教学设计、脚本、媒体资源等。因任务急，"五一"节中午一点钟，吴老师召集全体编写人员开筹备会，我们有幸也参加了编写工作。在接下来的日子里，吴老师常常关心我编写的进展情况，我的教学设计得到了她的认可与肯定。更幸运的是，我在吴老师的指导下，为北京名师课堂录制《生活中的植树问题》一课。我把教案发到吴老师的邮箱，心想吴老师这么忙，一定没这么快回复，没想到第二天晚上，吴老师就给我回了邮件，"谢谢你的努力和付出！挺好的！有丰富的生活作资源，引发学生的数学思考。祝好！吴老师"我再一看，邮件发出的时间是 23 时 51 分，深夜，吴老师还在忙碌着，不知疲倦……

从学术到悟道

吴老师用她的情怀与人格魅力，鼓励着我们从"学术"到"悟道"。她说，"一个老师若只学术就会止于术，只有静心研修，才会对教育有真正的理解"。

在吴老师的课堂上，看不到华丽的课件，教学设计上看似平常，实则颇具匠心，课堂教学如行云流水，一个个看似信手拈来的问题总能激起学生的求知欲望，平凡中见智慧，平凡中见深刻，"大道至简"，这不正是教学的最高境界吗？

"做人，做教师，做学问"是吴老师对徒弟们的教诲，也是吴老师自己成长的写照，"做人、做事要大气，怎么才能成为大气的教师？需要底蕴，需要理性的思考。"

作为一名教师，不仅要努力提高自己的业务水平，精神的追求、人格的完善也是很重要的。如果要问我从吴老师那学到了什么，我想吴老师精湛的教学艺术是我要一辈子去学习的，吴老师做人做事的品格与精神更是值得我好好学习的，我会时时刻刻鞭策自己，去掉浮躁，舍去功利，静下心来，用心做一个真正读懂孩子的老师。从学术到悟道，我渐行渐悟。我愿做一个静静的麦田守望者，用纯净的心，做专业的事。

（福建省福州教育学院附属第一小学　郭慧榕）

感悟："用心做教育"，莫忘初心！吴老师用她的教育情怀与人格魅力，影响着、感染着她身边的一大批老师，鼓励他们提高业务水平，完善人格，从"学术"到"悟道"，成为真正优秀的教师。

师父用行动给我上的那些课

2009 年 5 月 8 日，一个令我终生难忘的日子！在领导和同事们的祝福声中，我和吴老师喜结"师徒"！那一刻，留给我的除了难以言说的激动和幸福，还有永远铭刻在我心中的谆谆教诲和深情嘱托："红娜：做人，做教师，做学问！"

这嘱托，放在我办公桌的玻璃板下，每次看到它，就会自然地回想起与师傅相处时的点点滴滴……

"放心，我一定完成任务！"

2004 年的春天，我刚到教研室工作不久，作为吴老师的"粉丝"，我急切地想组织一场大型的全市性的教研活动，特邀吴老师前来讲学。当我这个"小人物"忐忑不安地向她提出邀请时，没想到，吴老师很爽快地答应了。

因为经验不足，再加上太想多听吴老师讲学的缘故，我把一整天的活动时间全安排给了吴老师（上午：两节课加课后说课；下午：一场报告），她依然爽快地同意了。

会议的前一天，为了不耽误白天北京方

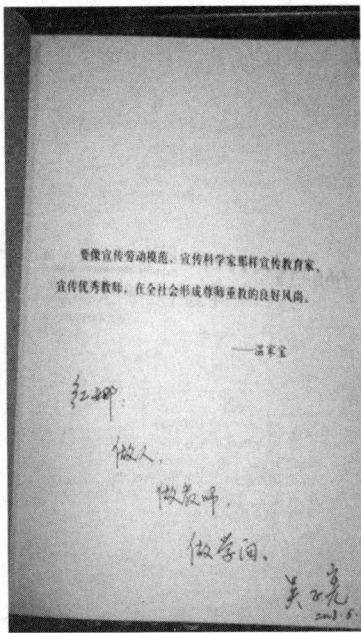

> 要像宣传劳动模范、宣传科学家那样宣传教育家，宣传优秀教师，在全社会形成尊师重教的良好风尚。
>
> ——吕家玉
>
> 红娜：
>
> 做人，
>
> 做教师，
>
> 做学问。
>
> 吴正宪
> 2009.5.8

第二辑　做人·做事

面的工作，吴老师执意选择了乘晚上的火车，那趟车到许昌的时间是凌晨三点半。我和同事们都为吴老师捏了一把汗："她一夜奔波，怎么休息呢？"在等待吴老师的时间里，我连续接到她的短信："红娜：你告诉我酒店名字，把房卡放到总台，我下车打的过去，不要接我，早点儿休息。""你们不要等我，一定要早休息，明天还要忙会。""我在车上能休息，你们放心！听话，快休息吧。"她自己在旅途奔波中，还时时地关心着我们，为我们着想，我的眼睛几度湿润，同时内心充满了自责："给她安排了一天的任务，怎么就没有考虑到她的辛苦！我是不是太自私了？！"直到现在想起来，我依然充满了愧疚。

吴老师到达时已经是凌晨四点了，我让她多休息会儿，原定八点开始的活动可以推迟到九点，她立刻表示："这不行！不能让老师们等我啊。"我告诉她："要不，我们临时加一个老师的课？""这样不好，活动怎么安排就怎么做，不要随便改动，不能让老师们有意见。"之后，她拍着我的肩膀，和蔼又坚定地说："放心，我一定完成任务！"

我和同事住在她隔壁，早上七点，是吴老师主动把电话打给了我们，她一定是知道我们不忍心打扰她。

就这样，一天的活动紧张而有序地进行，台上的吴老师精神饱满，热情四溢，和师生们真诚地交流，台下的我和同事们却感慨万千，几度模糊双眼……

一天的活动结束了，老师们把她围得水泄不通：签字的，合影的，交流的，求教的……吴老师不顾劳累，热情地面对每位老师。我担心她太累而且还要赶时间返程，于是和会务人员几次努力才把她"救驾"出会场。

在送吴老师去车站的路上，谈到刚才的一幕，她深情地说："我作为一名普通教师，老师们能这么喜欢我和孩子们的课堂，我很是珍惜……如果连这小小的要求都不能满足他们，真是于心不忍。尤其是农村的老师们出来一次不容易，老师和孩子们需要的，我就努力做好，尽可能不让他们失望。老师们对我的课堂的喜爱和追求就是对教育的喜爱和追求，我会好好呵护这份真诚的爱，让更多的老师把这种爱传播出去，让我们更多的教师爱教育、爱学生……"

在送别吴老师的那一刻，我泪流满面，和她紧紧拥抱了很长时间。

"一会儿课堂上你就看我的吧！"

2010 年 7 月，魏都许昌高温酷暑，我又见到了吴老师。这一次，吴老师参加的是"南水北调工程"组织的移民教师教学研讨活动。

吴老师的课是下午一点半开始。午饭时，领导临时通知：这次活动的意义与以往不同，因为要面对农村最基层的教师，所以教学不许用多媒体，请吴老师谅解。稍有惊讶的吴老师很爽快地答应了。我在一旁替她急了："你准备的是课件，这时候通知不让用，怎么上课？"吴老师镇定地说："调整教学吧！不用课件也得能上课啊。"我疑惑地看着她："这时间也太紧了，要不，我跟他们说说……""不用！不用！就按会议的要求做。"看我还是一脸的不安，她笑着说："一会儿课堂上你就看我的吧！"我不禁想：如果是我们这些普通教师，遇上这种临时突变，一定会不知所措了，而吴老师竟然镇定如常，成竹在胸。这就是"大家"的不同之处吧。

因为活动的主题是培训农村移民教师，自然就得选用农村学生。与吴老师一起上课的，是刚刚成立一年的一所郊区学校的学生。他们刚接受了一年的学校教育和管理，当时正是暑假期间，学生都处于放假状态，刚刚被老师电话通知到会场。

一年级的课已经学完，只能学习二年级下册的内容，而且课前吴老师没有机会先接触、了解学生。教学的难度可想而知。

不抛弃、不放弃每一个学困生，是这节课带给我的最大感动。像这样上大课的场合，好多教师都在努力地"绕学困生而行"，避免学生在课堂中出现错误。吴老师却一再关注学习困难的学生，不仅一定要让他们弄明白，而且让他们更积极、更主动。她把课堂中的"问题学生"当作"主角"，把他们出现的错误化为资源与大家一起学习、思考。课堂从"不顺畅"到"顺畅"，短短的几十分钟，我们见证了吴老师高超的教学艺术、独特的个人魅力所散发的神奇力量：学生从一开始胆怯的"一问三不答"，到课堂上放松的"胡乱答"，再到最后的"会答"，而且是"答不够"，甚至下课了也久久不愿离去。就连我已经上中学的儿子也听得如醉如痴，至今仍记忆犹新！我想，这就是吴老师在孩子们心中烙下的最美的数学"印痕"！

"好徒弟，你能读懂我啊！"

2012年，享有"小数春晚"美誉的杭州"千课万人"研讨会上，吴老师是上午第三四节的课和报告。她拉着我早早赶到会场，在休息室里她打开了电脑：

"红娜，你帮我推敲推敲稿子！"我不敢相信自己的耳朵："师父，我，我……"她看我一脸紧张，爽朗地笑了："怎么了，你已经很优秀了，帮师父看看吧。我准备的是新内容，你就当我的第一个听众吧，发现什么问题咱俩先研究研究。"我既惊喜又忐忑地和她一起打开了本来就很完美的报告稿，第一次知道了什么是"做学问"——"这一段是不是还可以再精简？""这一句怎么修改能让老师们更明白？""你觉得哪部分还可以再完善？"……

其中有一句："其中未知数等同已知数，一起参与运算，找出等量关系，并使学生能自然地表述……"这句话中"自然地表述"是吴老师跟我交流她的意图后，我们俩思来想去、慎之又慎选择确定的。我清楚地记得，她当时高兴得就像一个孩子："太好了，这就是我特别想要表达的意思！我的好徒弟，你能读懂我啊！"期间我也曾笑着对她说："师父，您太认真了，这个文稿只是您报告的辅助材料，在老师们眼前一闪而过，大家不会这么认真看的，您的意思口头表达清楚不就行了？"她认真地说："那可不行，做什么事情都要精益求精，治学一定要严谨，这也是对老师们的尊重！"

就这样，师父用行动为我上了一节又一节生动的课，让我珍藏在记忆里，回味在内心处，学习在行动中……

（河南省许昌市普通教育教学研究室　张红娜）

感悟：人们常用"德艺双馨"来评价优秀的艺术家，在我看来，吴老师以她的"师"和"范"、"言"和"行"、"情"和"爱"等诠释着她的"德"和"艺"，引领着我们如何"做人，做教师，做学问"。

吴老师的两则小故事

在这里我想叙述的不是吴老师的教学，而是一些生活中和吴老师接触的小事，透过这些小事，你会思考吴老师精彩教学艺术背后的东西。

两双筷子

一次教研活动时，吴老师感冒了，却带病坚持工作。无论是上课还是和学生的交流，以及课后和老师的互动，吴老师都神采飞扬，精神饱满。学生和老师们无不在活动中享受到一种学习的快乐。活动结束后，吴老师已经筋疲力尽。

这就是吴老师，无论自己的身体状况如何，心情如何，一定要用饱满的热情对待工作，从来不用自己的坏心情影响他人，参与活动的人无不被吴老师的工作热情感染。

中午大家坐在一起吃饭，吴老师特意要了两双筷子。吴老师一向对待工作很严格，对待吃饭这类事情却很不在意，有什么吃什么，从不讲究。菜端上来之后，我好奇地看着吴老师，想知道她为什么要两双筷子。谜底终于揭晓：吴老师夹菜的程序分两步进行，第一步用一双筷子把盘子里的菜夹到自己的碗里，第二步，用另一双筷子把碗里的菜夹起来吃。

我恍然大悟，吴老师怕自己的感冒传染给他人，所以如此细致地设计了夹菜程序。这些小事于吴老师是那么自然，如果说课堂上吴老师的教学艺术让人折服，那么在吃饭的细节上所表现出来的修养让我顿生敬意。

阅卷中的秘密

2003 年北京市基教研中心首次对全市五年级学生进行"质量监控与评价"。检测结束后，我参加了阅卷。阅卷程序被吴老师和范老师安排得井井有条，每个人有具体的分工。吴老师身兼数职，是小学数学学科的领衔人物，当时正值年末，白天还有很多推不掉的工作，所以吴老师阅卷的进度稍稍慢了一些，我们几个人商定好，一块儿帮吴老师把进度补上。

我清楚地记得那天是圣诞节，吴老师白天又去参加了一个重要的会议，晚上回来后吴老师还精心设计了一场联欢会，让我们度过了难忘的圣诞之夜！12 点多大家怀着激动、愉快的心情回去休息。第二天早晨，我们都略带倦容，继续工作。按照日程安排，我们准备先帮吴老师把活儿干完。到了工作地点，发现吴老师的神情有些"诡秘"。我们拿起吴老师负责的试卷，打开一本发现已阅完，再打开一本仍然是红笔阅过的痕迹，我们发现所有的试卷竟然全部阅完。吴老师风趣地说："欢迎领导检查工作。"我们吃惊地看着吴老师，吴老师得意地说："我怕你们把我落得太远，所以我很聪明，昨晚加班，不但把失去的损失夺回来了，而且还把你们落下了！"看到吴老师兴奋的神情，再看看摞得高高的试卷，想到吴老师昨天近乎一夜没睡，我们心里有种酸酸的感觉，眼眶不禁湿润了。这就是我们的吴老师，朴实、真诚、敬业。

（北京市昌平区教师进修学校　周卫红）

> 感悟：法国著名思想家孟德斯鸠说过："衡量真正的品德，是看他在知道没有人发觉的时候做些什么。"可见，真正的品德是一个人思想和行为的全部。吴老师这些不经意的小事，恰恰反映出她的品德和修养。

善待别人就是善待自己

2005 年 6 月，我们在昌平区参加北京市的教材培训，同时参加培训的还有外省市的教师。与以往不同的是这次我跟吴老师住一个屋。吴老师平时很忙，跟她谈完工作都不忍心再额外占用她的休息时间谈别的事情，这次终于可以借机跟吴老师聊聊天了，这让我特别兴奋。

晚饭后吴老师一杯水还没喝完就响起了敲门声，原来几位山东的老师吃饭的时候见到吴老师，饭后就径直跟过来找吴老师谈备课了。送走这几位老师已经 9 点多了。我说："吴老师，您每天的日程已经安排得够满了，您再找个其他时间跟他们备课多好啊！"

吴老师说："他们明天就要回山东了，我今天的事都干完了，看到别人有需要，能搭把手就搭把手！善待别人就是善待自己，跟老师们一起备课对我也有帮助啊。""善待别人就是善待自己！"这句话在不同的场合听吴老师说起过，每一次心里涌起的感觉都各不相同，有心疼，更多的是感动。

山东的老师们走了还没 5 分钟，三位葫芦岛的老师又过来看吴老师了，她们高兴地跟吴老师汇报着各自近一年的进步，10 点多她们才依依不舍地跟吴老师告别，吴老师高兴地跟我说："真为她们的进步高兴啊！"我心里特别能体会刚才一位老师的话："自己有一点成绩，就愿意第一时间跟吴老师分享！"

每天吴老师都会收到许多短信，她的习惯是每天睡前一一回复老师们的短信，吴老师回复完当天的短信，时针已经走过了 11 点。我对吴老师说："您这可

真是战斗的一天啊！"

吴老师说："经常这样，早就习惯了，我能给老师们帮些忙，感到特别的高兴。跟老师们共同备课，和老师们一起交流，会有很多新的想法，你不要认为我这都是在成全别人，其实跟老师们磨课的过程，也是我学习的过程，我也有收获……"吴老师的教学艺术令我由衷地钦佩，我更钦佩的是吴老师的为人，作为一位全国知名的教师，跟老师们讨论时，她没有一点架子，总能平等地跟每个人交流，总能设身处地地从别人的角度去思考。平时，单位传达室的大爷家里有困难了，吴老师第一个伸出援手；司机师傅的腰病犯了，她下班后把自己家的治疗仪送给师傅使用；中秋节，她给单位的保安、外地的大学生送去甜甜的月饼……吴老师走到哪里都像一颗磁石吸引着周围的人。老师们有困难了，首先会向吴老师求助，有成绩了，也愿意第一个跟吴老师分享。

快睡着的时候，我又听到吴老师手机短信的声音。迷迷糊糊地问了一句："都这么晚了，还有短信，是家里有急事吗？"

"不是，是一个小老师发来的，你睡吧。"

这一晚睡得不是很踏实，总是梦见自己用短信给大伙发通知，反复群发短信给大家，不停地接到回复的信息，可是我只能听到我的手机嘀嘀地响，打开手机，却怎么也看不见短信的内容……终于被急醒了，一看手表是 4:30。这时，短信的提示音又响了，我嘟囔了一句："原来还真是短信啊，我一直做梦发短信呢。"

吴老师说："啊，是不是影响你休息了，是我一直在发短信。我揪了一晚上的心啊。"

我惊讶地问吴老师："啊！您一晚上都没睡吗？有什么事？"

吴老师忧心地说："有一位远郊区县的小老师，因为课没上好，想不开，觉得丢了面子，一晚上都没睡，我一直在跟她短信交流，她甚至都想到绝路上去了。现在她的情绪稳定多了。"

我问吴老师："什么课没上好，压力这么大啊？"

吴老师说："是前些天大赛的课没上好，这个年轻的小老师代表她们县参赛，这是她第一次参与这种规模的活动，她一个年轻的小老师代表全县来展示，压力已经够大了。她一心想把课上好，可是上课时用的不是自己的学生，又第一次经历这么大的场面，难免紧张。这个小老师特别要强，总觉得自己的课上得不理想，课上的一些情况处理得很不到位，短信里一直说对不起培养她的领导、老师，她的这节课没上好，自己实在是没脸见这些人了。"吴老师一边说着，一边字斟句酌地给这位老师编辑着短信。我心想：从晚饭后到现在，吴老师还没休息一分钟呢，就是铁打的人也受不了啊！

嘀嘀嘀，短信的提示音又响了，吴老师看完短信，马上欣喜地把手机递给我说："太好了，这个小老师终于想通了。你看看！"

短信中写道："亲爱的吴老师，谢谢您一晚上的开导，我觉得终于想通了……我决定听您的话，从现在开始加倍努力，用行动证明自己的实力！太谢谢您了，我一定用实际行动报答您对我的期望！"

"好了，该起床喽！"吴老师一下子坐起来，迈着轻快的步子去洗漱了。

看着吴老师的背影，我对她经常跟我们说的话有了更深的理解："茫茫人海中能遇到是一种缘分，要格外珍惜。要善待身边的每一个人。"

吴老师牺牲了整晚的休息时间，她为山东的几位老师提供了专业的支持，让葫芦岛的几位老师树立了新的目标，领着远郊区县的这位小老师迈过了一道人生的坎儿。她像一片暖阳，又像明亮的领航灯，温暖并照亮她周围的人。这一晚，吴老师始终处于忙碌状态，虽然没时间跟我聊上几句，但是吴老师用她的实际行动给我上了生动的一课：善待他人，就要用理性、爱心和责任去面对生活的现实；善待他人，才能把自己融入人群，获得友谊、信任、谅解和支持；善待他人，才能调整失衡的心态，解脱孤独的灵魂；善待他人，才能拥有真正的快乐和幸福。

（北京市东城区教师研修中心　张鹏宇）

> 感悟：善待自己是本能，善待他人是品格。善待他人，付出的是爱心和耐心，收获的是满足和快乐。

赠人玫瑰，手有余香

一天，吴老师让我看了这样一条短信："吴老师，感动于真诚，铭记于心里，我会把这份无价的爱传播出去……"这条信息来自安徽省的刘老师，事情已经过去几年了，每年春节吴老师都会收到刘老师祝福的短信，其中的缘由还得从2009年的一天说起。

一个星期天，吴老师突然接到了一个陌生的电话："吴老师，我是安徽的一名老师，您不认识我，我曾经听过您的讲座。我带着孩子来北京就医，医院没有床位住不上，我在北京没有亲人，您能帮帮我吗？"听着电话那头焦急的声音，吴老师知道如果不是万不得已，她是不会拨通自己的电话的。吴老师安慰着她，告诉她一定想办法。问清情况后吴老师立刻拨通了在医院工作的一位学生的电话，说明了情况，并告诉她外地老师进京带孩子看病不容易，恳请尽量帮忙。第二天孩子顺利地住进了天坛医院。

事后吴老师了解到刘老师有一个幸福的四口之家，儿子读初中，在学校表现非常优秀。在一次玩篮球中突然晕倒，送到当地医院救治不见好转，只能带孩子来北京就医。但医院病房床位紧张住不进去，在百般无奈的情况下，抱着试试看的心理给吴老师拨通了电话。她事后和吴老师说："真没想到您对一个素不相识的老师会这样热情，您帮了我家的大忙，我们遇上好人了。"

在孩子手术当天，吴老师因有一个重要的会议不能来到医院陪伴，但吴老师心里还是放不下孩子，放不下这一家人，会议开完已是下午五点多了，吴老师匆匆来到医院进行看望并送来了慰问金，刘老师看见吴老师激动地说："孩子手术后好多了，现在已经能简单地说话了，太谢谢您了。"由于已过了探视时间，吴老师只能在楼道里隔着窗户看看孩子，刘老师和爱人一再表示感谢，说遇到了好人，他们的孩子是个有福之人，遇到了贵人。吴老师告诉他们和自己不用客气，把自己当成大姐，有什么需要一定要说，孩子的病是大事，不能耽误。在刘老师一家人的催促下吴老师离开医院，那时已经是晚上八点多了。虽然经过一天的忙碌，吴老师已经很疲惫了，但看到孩子好转，吴老师心里踏实多了。手术后孩子恢复得越来越好，很快回老家了。

几年过去了，吴老师到安徽去开会，刘老师一家听说后带着儿子一起来看望吴老师，孩子长高了，也顺利地进入高中学习，几年里孩子恢复得不错，思维和语言都很清晰，孩子拉着吴老师的手说："谢谢您，如果没有您，我现在还不知道怎样了。"看着眼前的孩子，吴老师再一次感受到助人的幸福。

其实像这样的事，吴老师经历了不少。吴老师经常到外地讲学，很多老师认识她，在北京有什么困难就会给吴老师打电话，她能帮的一定帮，因为这是老师对她的信任。有的人说吴老师爱管"闲事"，她觉得为别人做点事自己心里踏实，这是除教学之外吴老师的又一快乐。

（北京小学长阳分校　武维民）

感悟：有人问吴老师为什么总是那样快乐？无所求地帮助他人，尽最大的力温暖他人，赠人玫瑰，手有余香，我想这应该是答案吧。其实这样的"闲事"如果大家都能相互帮忙，我们的社会不是更温暖吗？

第二辑

做人·做事

礼品店的姑娘

有一次，我参加北京市课堂教学录像课需要带些长方体、正方体的盒子，因为商标等问题不得已要请人用包装纸包装起来。包装的人是个小姑娘，二十几岁，很热情。在等着包盒子的过程中我了解到小姑娘是个大专生，毕业后没找到合适的工作，也不想再继续读书了，于是自己租了十几平米的地方卖礼品和鲜花。她说当初上学的时候成绩不好，也找不到更好的工作，还好小店的生意不错，而且自己也喜欢这样的生活。我注意到她包装的手法很娴熟，特别是包装前她都能很准确地估出一个盒子大约能用多少纸，裁剪之后一点不浪费，我忍不住夸道："真是心灵手巧啊！"小姑娘乐了，说："我这是熟能生巧。"在包装的时候，她尽量搭配不同的颜色，说颜色对比强烈，录像效果好一些，在众多的颜色中，她一个一个搭配，比我这个"主人"用心多了。包到最后一个了，因为长方体一个角的纸板比较尖，把包装纸戳破了一点，我说就这样吧，把它放下面录不上，可小姑娘执意重新包，这次，她把尖角先用胶条贴好，果然就戳不破包装纸了。我还发现，她把拆下来的包装纸展平了，压在下面，说包个小礼品还能用得上。

这个姑娘让我心生感动：善良质朴，用自己的双手自力更生，享受自己平淡而恬静的生活。

一次，我和吴老师谈起了这件事情，她也不禁感慨："咱们做教师的，一拨一拨送走多少学生啊！你想过没有，要把你的学生培养成什么样的人？"

我好好想了想，说："最好能够成为世界科学发展前沿的高端人才。"

吴老师说："有志向，但人人都能成为高端人才吗？"

"不能，那最好成为服务国家重大战略需求的科技领军人才。"

"呵呵，好愿望，人人都能成为领军人才吗？"

我不敢再冒失地回答，静静地沉默了一会儿，说："其实，各行各业都需要人，我要培养能适应各个行业要求的人。"

吴老师笑了："是的，各行各业的人，如果都能拥有礼品店里小姑娘的那些品质，从某种角度讲我们的教育是成功的。"

这个姑娘脚踏实地。学业结束，找不到理想的工作，她没有怨天尤人，没有加入"啃老族"的行列，而是自力更生。这个姑娘基本功过硬，技术过关。包装5个盒子用了不到15分钟，而且包装细致美观。这个姑娘善于反思、有责任感。那么强的目测能力，是在一次次练习中积累来的；尖尖的纸板容易戳破包装纸就用胶条贴起来；已经有了瑕疵，就不让顾客带走。这是一个会学习、会思考、会为他人考虑的姑娘。

吴老师告诉我：社会是多元的，需要的人才也是多元的，无论将来学生成为什么样的社会角色，我希望，他们首先都应该是善良的、正直的、努力的、敬业的、感恩的。如果非要就数学学科再谈一点的话，我希望孩子们通过数学教育能够这样——做真人，去伪存真；守规则，懂得自律；敢承担，坚守责任；不怕难，拥有意志；会自省，学会反思。作为小学数学教师，我们有责任在学生的人格成长中烙下"数学"的印。

（清华大学附属小学　许淑一）

感悟：怎样的教育是成功的？每个人对此都有自己的思考，吴老师给了我们一个深刻又简单的答案——培养出善良、正直、努力、敬业、感恩的人。数学学科在人格培养中能帮助学生建立起独特的思维方式，也承担着"让每一个人都能强烈地感受到学习的作用和生命的意义，并努力实现人生价值"的责任。

第二辑

做人·做事

成长并不遥远

记得在刚刚踏入工作岗位的时候，内心充满了要成就一番事业的热情与豪迈，恨不得将所学立刻转化为教学行为付诸实施，但课堂上常常会遭遇一身冷汗的状况或面红耳赤的尴尬。一节精心准备的数学课，本以为学生会学得津津有味，结果课堂气氛沉闷，我原有的热情与信心被打击得荡然无存。正当我不知所措、心灰意冷的时候，有幸认识了吴正宪老师，她的精彩课堂深深地吸引了我，她的成才之路又一次点燃了我做教师的激情。

一次，在与吴老师的攀谈中，我道出了自己的困惑与迷茫，她鼓励我坚持自己的信念，并向我讲述了她的成长经历：在面对课堂教学带来的种种疑惑与不解时，拜师学习使吴老师踏上了教育教学改革之路。她虚心向马芯兰老师拜师学习。为了让自己的数学课堂变成一个充满生机的王国，吴老师下定决心取"真经"，她一头扎进了马老师的课堂，每天早晨天未亮，她就把睡梦中的女儿唤醒，匆匆送到幼儿园，再骑车疾奔朝阳区幸福村中心小学，听马老师的第一节数学课，然后再疾奔返回自己的学校上两节数学课。白天紧张工作，晚上静下心来反思，记下一天学习的收获体会。多少个不眠之夜，多少次苦苦思索，多少本教育反思，日积月累，吴老师慢慢地从马老师身上感受到"教学改革并不只是教学方法的改革，而且需要融入更多的教育思想"。

与此同时，吴老师博采众长，她向刘梦湘老师、缪玉田老师、周玉仁老师，张梅玲老师等等请教、学习，这些专家高尚的师德、锐意改革的敬业精神、严谨

治学的工作作风深深感染和影响了吴老师。在学习的同时，吴老师也有着自己理性的思考，她曾语重心长地对我说："每位名师都有自己的风格特色、自己走向成功之路的实践经验，都值得我们学习。但学习名师的经验，不可生搬硬套，要依据自己的实际，对别人的方法有所取舍，有所发挥，有所创新。就像蜜蜂采百花酿蜜一样，要善于汲取百家之长。"

吴老师的谦虚好学，不仅体现在对名师和专家的学习，她还向一些年轻教师学习，甚至向自己的教育对象学习，她信奉"三人行，必有我师"。吴老师还坚持教育理论的学习，注意从各种教育刊物上捕捉信息。让我记忆犹新的是，当时《人民教育》发表的329道教师自测题，她只用了几个晚上就全部完成。她还整理了《小题库》《难题辨析》《思维训练》《教海拾贝》等学习笔记。不拒细流，海纳百川。她相信只要"留心学习，虚心请教，就会有所收获"。

有一次，吴老师拿出二十几本泛黄的笔记本，动情地对我说："这一本本学习笔记，记下了我的学习体会与教育思考，两次喜迁新居，忍痛割爱扔掉了不少书，只有这些发黄的学习笔记本还留着，我对它们情有独钟。它们时时告诫我：脚踏实地、厚积薄发、善于学习、重视积累、贵在坚持，在教育教学改革之路上绝无捷径可走。"

这不禁使我想起了《诗经·小雅·鹤鸣》中的一句话："他山之石，可以攻玉。"借鉴别人的经验，能够完善自我。其实，在我们身边有很多可以学习的资源，这些资源可以助推我们前进。年轻教师要善于向有经验的老教师学习，向有特色的名教师学习，向内涵丰富的学科专家学习，向不断供给我们养料的书本学习，向不断触发我们教育灵感的学生学习，以此不断雕琢自己，最终会由顽石变成美玉。

（北京市朝阳区芳草地国际学校远洋小学　王　蕙）

感悟：任何一位名师的成长都有它内在的力量积蓄和外在的客观条件，只有坚持自己永不放弃的信念，坚持自己的行为不动摇，才能找到一条适合自己发展的道路，真正做到学他人之长为我所用。

做人·做事

真实的爱

在与吴老师接触的过程中，我时常能从她身上看到中华传统美德，每每都让我发自内心地感动。

一次，吴老师约我去她家讨论书稿，我按时到达。每次走进她的家，都能感受到和谐、温馨的家庭文化氛围，都会被温暖的感觉包围着。吴老师家中光线最好、最温暖的位置是她的婆婆的住处。老人家当时已经 97 岁高龄，生活不能自理，吴老师专门请了一个保姆来照顾她。我每次到吴老师家，都会先和奶奶（我对吴老师婆婆的称呼）打招呼。那天叔叔（我对吴老师爱人的称呼）由于单位有事，没在家。吴老师把我接进家门，嘘寒问暖，并问我父母身体怎样，忙不忙，还叮嘱我平时如果有时间一定要多在家里陪陪老人。

吴老师一边和我聊天，一边关注着婆婆。突然，她"啊呀"一声，快步跑到婆婆身边，原来吴老师看出婆婆要小便，立刻过去照顾。但还是晚了一步，当吴老师搀起婆婆的时候，老人家已经小便失禁了，弄得床上、地下都是。这时，保姆也来到近前，吴老师并没有等待保姆来照顾婆婆，自己很麻利地收拾床单，给婆婆找衣服，当她在保姆的帮助下给婆婆换好衣服之后，我又看到她趴在地上清洁地面上的卫生。这时吴老师的额头已经有了汗水，原本盘好的头发有一缕不听话地耷拉在了脸上。只见她用手捋了捋头发，擦了擦额头的汗，继续清理，没有一句埋怨，没有一句牢骚，一切都那么的自然。

从吴老师娴熟的动作可以看出她经常这样照顾婆婆，这一刻，我突然想到了我的母亲，心里热乎乎的，我的母亲也是这样照顾我奶奶的，不同的是我的家里没有保姆，母亲是一个很少外出的农民。

安顿好婆婆，吴老师继续和我聊天，她对我说："继东，记住，咱们都有双重父母，你一定要像爱自己爸爸妈妈一样爱你的岳父岳母，建立和谐的小家庭。"我连连点头。

其实我心里在说："师父，您今天的身教比和我说任何话、讲任何道理都更能让我明白。其实这和教育学生一样，身教重于言教。我一定会努力，把自己该做的事做好。"

（北京市东城区灯市口小学　李继东）

感悟：我们常说百善应以孝为先。吴老师是名师，是教育家，但是在生活中她是一个好媳妇、好妻子、好母亲，尤其是她孝顺的美德，无需用更多的语言来形容，她用真实的行动告诉了我们应该怎样做。

简单使她如此美丽

如果让我们用一个词形容吴正宪老师，我想很多人会想到"美丽"，吴老师的美内外兼修，优雅大气。和学生在一起时她展现的是童真的美，和同事在一起时她展现的是平和的美，和老师们在一起时她展现的是欣赏、期待的美……从成为"吴正宪小学数学教师工作站"成员的第一天开始，我就被这种美包围和感染着。吴老师展现给我们的不仅是精湛的业务、高尚的师德，她还教会了我们如何在坚定与豁达中享受数学教学带来的幸福与快乐，在简单与朴素中享受作为一名数学教师的宁静与追求。

一、简简单单做人

经常有人问，为什么学生会那么喜欢吴老师？我说吴老师有一颗简单的如孩童般纯净的内心，所以她的心与孩子的心相通，她能读懂学生的需求，她能给予学生需要的尊重，她能点燃学生内心的希望……所以孩子们视她为真诚的朋友。

每一次聆听吴老师的谈话，几乎都不会缺少一个主题：做一名优秀的数学教师首先要学会做人。只有人格高尚的人，才能成为业务精湛的人，才能成为优秀的数学教师。吴老师在30多年的执教过程中，受到了那么多老师的崇拜，那么多学生的喜爱，那么多家长的信任，不仅是因为吴老师精湛的业务，更因为吴老师身上所散发的人格魅力。

吴老师不止一次地对我说要简单做人，不要为烦杂的人际关系所困扰，自己认准的目标要坚定地走下去，保持内心的一份宁静，这样才能全身心地投入到自己喜欢的事业中。尽量使自己的人际关系简单，这样才能在宁静中享受数学的快乐，才不至于让复杂的人际关系影响我们对数学的热爱。当我记住这些话并在日常中去规范自己的行为时，我渐渐体会到简单的妙处，它使自己的心境平静和快乐，当自己把数学作为一种兴趣的时候，生活中多了些别人体会不到的幸福。在数学课堂中，为学生有创意的想法而兴奋；在阅读书籍时，为作者的精辟见解而激动；在聆听专家讲座时，为自己学到新观点而兴奋；在同伴交流时，为他人的智慧而喝彩。正是这种简单，使我体会到作为一名数学教师的快乐，享受着数学带给自己的幸福与平静。

简单不是缺乏思考与无原则，不是肤浅与逃避。简单是一种坚持，不为复杂的人和事所迷惑、干扰，执著于自己喜爱的事业。简单是一种豁达，对周围的人和事持有宽容之心，使自己和他人能在一个相对宽松的环境中工作与生活。简单是一种境界，让人全身心投入其中又全身心享受其中。

二、简简单单做事

吴老师告诉我要简单做事，不要让功利成为自己做事的目标，要脚踏实地，有目标但不急功近利，集中心思在自己所热爱的工作中，享受简单带给自己的快乐。

记得在北京市小学数学骨干教师课题研究的中期汇报会上，我作为代表宣读自己的中期研究成果。在上台之前，我还是信心满满的，心想做了不少事，吴老师和专家们肯定要表扬我。当我不无得意地介绍自己查阅了多少篇文献，搜集了多少位特级教师的经验，做了多少问卷后，吴老师作为专家组成员第一个发言，连续几个问题让我直发懵："你课题研究的价值是什么？你做的这些前期工作的目的是什么？这些工作对你自己的教学和学生的发展的意义在哪儿？"

会后，吴老师语重心长地对我说："我们的课题研究一定要扎根在自己的教学实践中，不能华而不实，要脚踏实地，我们要踏踏实实地做自己的研究。作为一名小学数学教师，做任何事首先想到的是学生，在教学中我们首先要激发学生学习的兴趣，使他们爱学数学。其次培养学生学好数学的信心，使学生敢学数学。第三要培养学生良好的学习数学的习惯，使学生会学数学。第四要教给学生学习数学的方法，培养学生的能力，为学生学好数学打好基础。"

吴老师的一席话让我清醒了，也使我沉浸在深深的思考中，思考我的课题研究的症结，思考今后做事的原则。在思考中我渐渐地清晰了，自己前期做的工作太表面化了，其实想达到的目的是给别人看，看我做了多少事，收集

了多少资料……唯独没考虑的是怎么为自己的课堂教学服务，怎么为学生的发展服务。在思考的基础上，我调整了研究思路——让课题研究着地。我把之前搜集的一些资料进行了认真的梳理，从中提取有用的信息，与自己的教学实践结合，从实践中发现真问题，找到有效的解决方法，同时，继续做学生追踪研究，做案例分析……功夫没有白费，我最终的研究成果在北京市小学数学骨干教师研修毕业典礼上作为优秀研究成果，受到专家的好评，当然也得到了吴老师由衷的祝贺。

通过这件事我找到了自己今后做事的原则：简单、务实。不用复杂的形式标榜自己、展示自己。做事不能急功近利，脚踏实地地走好每一步，才能在不断努力中走向成功。

仔细回味吴老师的两个简单，简单做人就是要真诚，简单做事就是要专注。追求这样的简单，使我们超越了世俗，超越了名利，愉快地在数学的海洋中徜徉，融入数学，享受数学。

（北京小学长阳分校　武维民）

感悟：吴老师是一本书，一本简单而又有着丰富内涵的书，一本使人终身受益的好书。从她身上我们学到了淡定和从容，学到了坚定与追求，学到了豁达与宽容。简单做人，简单做事，成就不简单的人生。

附　录

永远在花季

对吴正宪老师，在很长一段时间里，我只知其名而不识其人。

很多年前，有一套《教育家成长丛书》，我忝列作者队伍。我对小学不熟，对小学数学教育更是门外汉，所以除了李吉林等著名的小学语文特级教师，我对小学数学界的其他名师真的知道得很少。知道"吴正宪"这个名字，只是因为教育部师范教育司组织编写的《教育家成长丛书》中有一本《吴正宪与小学数学》，仅此而已。

但认识吴老师后的三次见面，让我对她有了真切的了解，并因此而油然而生敬意。

一、相聚在锡林浩特大草原

认识吴正宪老师，缘于 2010 年暑假，我们一起参加由北京教科院班主任杂志社组织的到内蒙古锡林浩特讲学活动。在机场见面后，因为教育，我们一见如故，滔滔不绝地聊了起来。

她说特别喜欢读我的书："我觉得我们有很多共同的东西，那就是我们都特

161

别注重教育的人性，人情！这也是你书中最能打动我的地方。"

我说："这是教育最根本的东西，也是常识。只是现在这常识被人忘记了。"她说："'文革'时，教育讲人情味可不行，我就是因为讲人情味，当时还被批判为'资产阶级的母爱教育'呢。"我吃了一惊，吴老师比我长四岁，"文革"时也不大呀，怎么就当老师了，而且还被批判？我问吴老师："'文革'时你就工作了？"她笑了："是呀，我参加工作很早的。"

一说到我们共同的理念，我们的话就更多了。我们开心地聊着：教育的爱与责任、人情、人性、人道……她说："我们虽然是第一次见面，但其实我们早就认识了，因为我们有共同的教育理念。我们的心早已相通。"

到了锡林浩特，第一天我和吴老师分别在两个地方作专题报告。傍晚，我们一起来到九曲湾，领略夕阳西下的美景。在草原，我们放飞心灵，笑声融入绚丽的晚霞。在蒙古包，我们引吭高歌。吴老师身披哈达载歌载舞，绽放出特别美丽的笑容。在这一刻，我发现了吴老师之所以成为全国著名特级教师的原因：童心！她的笑容如孩童般纯净，她的品质如孩童般纯正。因为有一颗永远的童心，吴老师爱孩子，爱教育，于是成了一代名师。就这么简单。

优雅而美丽，真诚而朴实，博学而谦逊，睿智而纯真，这就是短短时间内，吴正宪老师给我留下的印象。

二、相聚在课堂

第二次见到吴正宪老师，是在2011年12月的哈尔滨，又是由北京教科院班主任杂志社组织的教师研修活动，我有幸现场听了吴老师一节数学课。我至今都忘不了下课前的那一幕——

"吴老师，我会做梦都想着你的数学课。"小姑娘一边说，一边擦眼泪。"小姑娘，老师也会在梦中梦见你的！"吴老师走过去拥抱着小姑娘，又加了一句："谢谢你喜欢我。"

那一刻，我的眼圈也湿润了。这是怎样的一堂数学课，能让孩子如此喜欢，以至流泪？让我们一起走进吴老师的课堂，分享吴老师和孩子们在一起学习交流的幸福吧。我愿意把我听课过程中几个触动我心灵的片段和当时的感悟写下来，与朋友们分享。

"嗯，这才是真实的你们！"

上课伊始，吴老师首先抱歉地说："本来今天是周末，孩子们应该在家里玩的，可是却被老师抓到学校上课。"说到这里，吴老师似乎是随意问了一句："同学们，你们大声地告诉我，是上课好，还是玩儿好？"

孩子们异口同声响亮地回答："上课好！"

吴老师一愣："是实话吗？"

没有人说话，片刻之后有个别同学嘟囔道："是……是……"

"都不喜欢玩？"吴老师问。

孩子们沉默了。

吴老师笑着说："我想你们现在在想，老师心里喜欢什么样的学生呢？当然喜欢爱学习的学生了，老师喜欢爱上课的学生，所以你们就这样讲，是吗？"

孩子们又开始异口同声："嗯，是的。"

吴老师问："有没有喜欢玩的？请举手。"

一个孩子举起了手，然后两个、三个、五个……越来越多的人举起了手。

"嗯，这才是真实的你们！"吴老师说，"喜欢玩就喜欢玩嘛！上课好不好，这件事不能说得太早。40分钟以后（吴老师看了看手腕上的表），我真想听听你们对这节数学课发自内心的感受。比如说'我真的很快乐'，比如说'我烦死了''我就想快点下课''我想逃走了'……随便谈。40分钟以后，听你们的感受。好吗？"

我看过不少名师上公开课，一上来要么是一厢情愿地给孩子"放松"，不停地说"不要紧张"呀，"做深呼吸"呀，"看看下面的老师"呀，"有没有信心啊"，等等；要么是一个劲儿地跟学生套近乎："我知道某某学校的孩子最聪明！""我相信你们今天表现会非常棒！""我给大家唱一支歌好不好"……我不评论这些做法的是非，我只想说，相比之下，我更欣赏吴老师的这种非常真诚、真实、自然的开头。

吴老师就周末上课给孩子们表达的歉意，是真诚的，因为在她看来，孩子们要到学校上课便耽误了他们玩的时间。这是她发自内心对孩子的歉意。她通过

"玩好还是上课好"的简单调查，让孩子们展示了真实的本性：先是说假话迎合他们以为能够迎合的老师——这也是孩子们另一种意义上的真实，然后又勇敢地表达了喜欢玩的真实想法。"嗯，这才是真实的你们！"在这里，吴老师已经不仅仅是对"真实"的表扬，也是对"真实"的呼唤。吴老师用这句话给孩子们一个明确的导向，不要揣摩并迎合老师的想法，而要大胆地展示自己真实的想法。吴老师已经为希望这堂课出现应有的真实对话情景做了铺垫，对孩子们巧妙地进行了"启蒙"——真实最美。

"40分钟以后，我真想听听你们对这节数学课发自内心的感受。"吴老师这真诚的话，其实是把这堂课的评价权提前交给了孩子。这是一种挑战，吴老师以此给自己立了一个标杆——这堂课一定要让孩子们满意；同时，吴老师也给孩子们展示了一种自信——我一定能够让你们满意！

"我这话问得不好啊！"

这堂课吴老师讲的是《重叠》。吴老师从孩子们一年级刚进校排队说起，她以班上一个叫"宇博"的同学为例："假如宇博同学站的位置无论从前面数还是从后面数都是第五个，请问他这一列队伍有多少人？"

孩子们出现了三个答案：有的说9人，有的说10人，有的说11人。

针对"11人"的说法，吴老师试图启发引导算错了的同学："当宇博在第五个的时候，他们是一个什么？"

学生答不上，教室里出现了短暂的沉默。

"我这话问得不好啊！"吴老师很抱歉地说，然后思量着遣词："嗯……就是，他是第五个，可他因为在前五个人当中，所以我们还可以把前五个人看作一个……"吴老师话说一半停下了，用手指了指黑板上的图，期待着孩子们回答。

下面有一个女孩说："团队。"

"团队？哎，这个同学用的这个词好！"吴老师及时表扬，"我们可以把它看作一个小组，前五个人有他，后五个人也有他，所以我们要……"吴老师再次把答案留给孩子们。

"减一！"孩子们大声说。

面对回答不上问题的学生，一般优秀的老师往往是启发或等待，但吴老师

却想到会不会是自己提问的方式或者用语不恰当呢。这是一种站在儿童角度思考的结果，不，我这样说还不太准确，应该说，这是吴老师所拥有的人道主义情怀非常自然的流露，自然到近乎本能，因为吴老师未必有一个严密而清晰的思维过程：孩子为什么答不上来？是他的原因，还是我的原因？嗯，我想想，应该是我的原因。我的什么原因呢？哦，是我提问的方式不对，我的用语不对……没有，我可以断定吴老师没想那么多。因为一个卓越的教师，总能在不经意处体现出对孩子的尊重，因而意识到自己的不足。

意识到也可以不说，不动声色地矫正就可以了，但吴老师却要说出来，并且还公开给孩子道歉："我这话问得不好啊！"这份真诚，这份坦诚，就是大师胸怀。这种胸襟的展露，对学生本身就是一种教育与感染。

接下来，吴老师寻求更恰当的词，但她没有直接换一个词了事，而是耐心引导孩子们来找这个词："我们还可以把前五个人看作一个……"，在这里，吴老师特意停顿了一下，这里的停顿是一种期待，更是一种信任。果然，总有孩子不会辜负吴老师的信任，一个女孩找到了这个词——团队。吴老师及时予以表扬："这个同学用的这个词好！"

其实，不就是换个词吗？老师直接说出来还可以节省时间呢！但是，留点空白，留点时间，让孩子来填补，这不仅仅是一种教学技巧，更体现了一种真正把孩子放在心上的教育思想。

"我可以暂时把它擦掉吗？"

吴老师要板书，可是因为刚才学生上来板书，黑板空间不够了。她说："和你们商量一下，刚才画图的同学画得很漂亮，列算式的同学也写得很好，可是吴老师要继续写黑板，我可以暂时把它擦掉吗？"

同学们说："可以。"

吴老师说："得让主人回答。"

那两位板书的学生说："可以。"

"好，谢谢你的支持！"

看似微不足道的一个细节，让我怦然心动。在这堂课中，吴老师类似的商量不止一次。比如，当站在黑板前的几个孩子挡住了同学们看黑板时，吴老师对他们说："我跟你们商量一下，你们可以坐在地毯上吗？后面的同学看不见了。"这里，吴老师既有对这几个同学的尊重，还有对全班其他同学的尊重，因为她心中始终装着每一个孩子。

吴老师和同学们商量的语气里没有一丝半点做作，我看到的是她从心底流淌出来的——对孩子的尊重。对孩子的爱，真的已经深入吴老师骨髓了。而爱的表达，常常是非常自然的言语与不经意的细节。

"有时候停 30 秒再发言，可能更精彩！"

"又是这个圈圈来到我们课堂，把我们的矛盾解决了。那么看着这个圈圈，我们该怎样求出报名数学组和语文组一共有多少人呢？"

孩子们的小手一下子又举起来了，还有同学站了起来想要老师叫自己。

"别着急，其实有时候停 30 秒再发言，可能更精彩。现在不要讨论，每个同学独立思考。看着这个图你用什么样的算式就可以解读它呢？静静地，每个人都要思考。开始。"

教室里沉默了。

我们有老师上公开课，最盼望的就是学生发言积极，或者说，最担心的就是课堂上没学生发言。在一些老师眼里，学生"配合"得好不好，就是看"举手率"高不高。似乎只有学生唧唧喳喳地发言，这样的公开课才有"观赏性"。于是，课堂上小手如林成了高潮迭起的标志，成为一些老师上公开课的主要追求。

但是，当这种"高潮"来临的时候，吴老师却说："别着急，其实有时候停 30 秒再发言，可能更精彩！现在不需要讨论，每个同学独立思考。"这是一种清醒的真教学。我说是"真教学"，是因为吴老师的目的不是让学生举手表演给听课老师看，而是着眼于学生思维的深度。所以，面对争相发言的"热闹"，吴老师却呼唤"沉默"。对小学生来说，轻率地（甚至是从众地）发言，大脑却可能处于静止状态；而当学生因思考而沉默时，每一个大脑都在燃烧。

吴老师曾说："教育要有爱，但这里的'爱'应该是'真爱'。所谓'真爱'，就不仅仅是表扬和激励，还包括思维上的帮助，学习上的严格要求，智慧上的启迪。"在这里，吴老师给跃跃欲试争取发言的孩子们"泼冷水"，让他们"停 30 秒再发言"，就是一种"思维上的帮助，学习上的严格要求，智慧上的启迪"。

这堂课上，吴老师不止一次对急着发言的孩子说："别急，要学会倾听，倾听里面可有学问了！"吴老师关于"静静地思考"的提醒，关于"学会倾听"的忠告，都不过是源于她一个朴素的理念：课是为孩子上的，不是为听课老师上的。有没有"观赏性"不重要，重要的是孩子的大脑是否真正转动起来。

"有问题才好呢！"

一个女孩上去数，数出了 12 个人，因为她重复数了其中两个人。

吴老师说："嗯，看来是有问题。有问题才好呢！你重新数数，一共多少人？"有学生还要数。吴老师继续说："问题就出现在这儿。这到底是怎么回事儿啊？我们一起看着算式，看着图，一起来解决小姑娘和大家心中的疑团！"

……

学生之间的讨论中，一个小姑娘问另一个小姑娘："你为什么要减去一个 2 呢？"吴："我也想问，数学组 7 个人，语文组 5 个人，一共 12 个人，你为什么要减 2 呢？"那个小女孩说："因为有两个人既参加了语文组又参加了数学组，多出了两个人。"吴老师追问："7 在哪里？5 在哪里？"

……

刚才一个没弄清楚的高个子男生终于弄明白了："因为数学组已经算了他们两个人了，语文组就不能再算了。"

吴老师对全班同学说："还不把掌声给他啊！"全班响起一片掌声。

吴老师问那个高个男生："还是 12 吗？"

"不是 12 了。"男生说。

"可以擦掉了？"

"可以，因为是错的。"

吴老师由衷地说："我特别喜欢阳光大男孩！其实呀，老师也经常出错，出错很正常。你们看，错着错着就对了，聊着聊着就会了。同学们要聊起来，只要通过交流，把它改过去，就是——"

全班同学一起说："就是好孩子！"

吴老师说："好样的！我们再次把掌声给阳光大男孩！"

掌声再起。

限于篇幅，我记录的这个课堂片段可能在细节上有缺漏，但我只想展示一种

附录

167

真实的课堂气氛。所谓"真实"就是孩子出错和教师引导下的纠错。

我听过不少"完美无缺"的公开课，教师的每一句话都是印刷体，因为是事前背熟了的教案。学生的回答也滴水不漏，因为课前在老师的指导下"准备充分"。这样的课，从教学技术的角度看，无懈可击，但没有生命。说到底，这样的课，与其说源于错误的教学观，不如说源于错误的学生观。因为教师上课的时候，眼里没有学生，只有评委。他不是给孩子上的，是给评委上的。不是着眼于孩子的发展，而是孜孜以求获得"一等奖"。

吴老师说过："有益的数学学习，是一个不断试错的教学过程，学生正是在这个过程中提升认识的。课堂正是因为错误而精彩，因为错误而美丽。"之所以把课堂看成"试错"的过程，是因为吴老师把课堂看成是学生成长的空间。吴老师这堂课，正是"因为错误而精彩，因为错误而美丽"。

小女孩出错了，吴老师说："嗯，看来是有问题。"但话锋马上一转，"有问题才好呢！"注意，这里不是廉价的表扬，而是引导孩子以问题为突破口深入思考，而且吴老师不仅仅让女孩一个人思考，她教给全班同学解决方法并号召："我们一起看着算式，看着图，一起来解决小姑娘和大家心中的疑团！"

对高个子男孩的引导也非常有趣。我这里说的是"有趣"，是因为那过程真的很有意思，同样是因为限于篇幅，我无法用文字详细描述，但我可以大略说说，就是吴老师没有自己出马纠正那孩子的错误，而是"挑动群众斗群众"——"教唆"已经明白了的孩子不断"质问"还执迷不悟的男孩，如此唇枪舌剑，几个回合下来，高个子男孩真诚地说："我错了。"于是，掌声响起。

这里，我特别感动于吴老师的两句话。一句是："其实呀，老师也经常出错，出错很正常。"将心比心，平等交流，让孩子不怕出错，并知道出错的意义——出错并纠正错误，这是通向真理的必经之路。另外一句是："只要通过交流，把它改过去，就是——"孩子们接着说："就是好孩子！"这句话吴老师没说完，而是有意让全班同学补充。吴老师通过这一句没有说完的话，把自己对男孩的表扬，转化成了集体对他的鼓励。这也是一种教育智慧。

"你挺会对话的嘛！"

许多人都举手要求发言。吴老师看了一下，说："我请这个小家伙，你还没发过言呢！"

这是一个瘦弱的小男孩。吴老师亲切地问他:"5 是数学组的吗?"

小男孩怯怯地回答:"是的。"

吴老师说:"请大声点,好吗?——2 是数学组的吗?"

"是的。"小男孩声音提高了一点。

吴老师继续问:"那么这两个有区别吗?"

小男孩语塞,其他同学马上举手了。

吴老师笑着对大家说:"我们静静地给他思考的空间,给他点时间。"转而回头对小男孩启发道:"你看这个 2 是数学组的,它还是……"

小男孩说:"语文组的。"

吴老师"不依不饶":"可是,这个 5 也是数学组的,它们有什么区别吗?"

又有同学想要发言了,很着急地晃动手臂。

吴老师却还是不叫他们,坚持道:"给他时间,不急!"

男孩不说话,但在思考……

就这样,经过不断地启发与鼓励,反复地等待与追问,小男孩终于说:"这个 2,就是这两个同学既参加了数学组又参加了语文组。"

"我们给这个同学掌声!"吴老师大声说。

掌声响起了。

"好,这个同学姓什么?"吴老师问大家。

"姓龚。"

"姓龚,好,我把龚同学的意见写在这里。"吴老师把刚才龚同学的答案写在黑板上。

"那么,"吴老师继续问同学们,"这 5 个人……"

"都是数学组。"大家回答。

"'都是'这个词好像还不准确……"吴老师又开始启发。

一个举手的女孩被叫起来,说:"这 5 个人单单是数学组的。"

"'单单'?什么叫'单单'?"吴老师继续追问。

瘦弱的龚同学主动举手了,吴老师非常兴奋:"你说。"

"单单数学组,就是只是数学组。"声音明显比刚才响亮多了。

吴老师无比兴奋:"他又说了一个词,叫什么?"

全班同学大声说："只是。"

"好，我就把龚同学的意见记在这里。这5个人和那两个人可不一样，他们——"

全班同学心领神会，很默契地接上说："只是数学组！"

"我们再次给龚同学掌声。"吴老师说。

全班鼓掌，长时间的。

……

吴老师请龚同学走到讲台上，对他说："你挺会对话的嘛，就这样慢慢地就学会了和同学们怎么样啊？"

龚同学大声说："交通！"

众生大笑。

吴老师却说："嗯，'交通'，这词儿挺好的，一交就通嘛！"

在这堂课上，我和所有听课老师，当然也包括上课的孩子们，见证了瘦小的龚同学由自卑到自信的变化，从不敢举手到主动发言的进步。这是这堂课最大的亮点。龚同学的不发言，是一个偶然的生成性问题，因为吴老师在北京备课时不可能想到在哈尔滨的课堂上会有这么一个姓龚的同学；但从某种意义上说，这也是一个预设的问题，因为吴老师充满爱心的学生观，必然让她关注课堂上的每一个同学，一直很胆怯从不举手的龚同学必然进入她的视野，也必然成为她鼓励启发进而转化提升的对象。

30年前，刚参加工作的我第一次上公开课，很是紧张。一位经常上公开课因而富有经验的老师告诉我："别紧张，你多抽你班上成绩好的同学发言。一堂公开课，只要有几个发言积极分子，这堂课就被撑起来了，课堂气氛就显得很活跃。"当时我真是把这话奉为圭臬。我相信，现在还有不少老师认为，只要有几个成绩好的学生频频举手，公开课就会"出彩"。

我越来越觉得，所谓好的教育——当然包含课堂教学，其实就是一句很朴素的话："把每个孩子放在心上！"这里我说的是"每个"而不只是那少数尖子生。这里的"放在心上"当然指教育教学的方方面面，包括"公开课"。试想，如果在公开课上，只是少数几个尖子生在表演在展示，其他学生只是陪衬，只是旁观者，这样的课堂意义何在？让每一个孩子在课堂上都受到关注，都赢得尊严，都获得成长，这不需要教师多高的理论水平，只需要教育者的良知。

吴正宪老师正是这样有良知的教育者。我注意到，在这堂课上，她多次说："谁还没有发过言？哦，请这位同学起来说说。""旁边那个同学还没举过手呢，你起来试试，好吗？"这位龚同学也是这样被她发现的。应该说，在公开课上，主动叫根本不举手的孩子，是有"风险"的。有的老师在公开课上可能会有意避开这样的学生，以求"平安"。因为主动叫这样的学生，可能答非所问，可能冷场，可能出洋相，可能让师生都很尴尬……但是，如何引导这样的孩子？如何唤醒他们潜在的能力？如何让他们也成为自己精神的主人？这直接展示着教师的教育理念，也考验着教师的教育智慧。

我们看到，吴老师不但主动叫这位姓龚的小同学，而且或追问，或等待，或启发，或鼓励……这个孩子一步一步从自卑的阴影中走了出来，走到了自信的阳光下，走到了讲台上，甚至主动举手发言——最后，当全班同学都还没有明确答案的时候，正是这位刚才还自卑而不敢举手的孩子一锤定音："单单数学组，就是只是数学组。"这是吴老师用信任唤醒的尊严，用期待等来的能力，用智慧点燃的思考，用爱心创造的奇迹！

"我想去北京听您的数学课！"

下课的铃声响了，可孩子们都不愿意离去。吴老师问："想下课吗？大家烦了吧？"

孩子们再次异口同声："不想！不烦！"接着是叽叽喳喳的声音："我最喜欢数学！""我也是，我也是！"许多孩子一边说，一边把手举起来。

吴老师问："能给我这堂课起个名字吗？"

孩子们的答案五花八门："重叠。""重复。""画图课。""会说话的圈圈。""分类问题课。"……

"谢谢同学们！我们下课了！"

可是没同学动。

吴老师说："哎，下课不下课啊？"

全班孩子们大声说："不下课！"

"真的不想下课啊？为什么这么喜欢数学课？或者说，你特别想对吴老师说什么？"吴老师问。

附录

171

　　孩子们继续七嘴八舌："这节课太有意思了！""这节课画圈圈的时候特别有意思！""我觉得这堂课蛮好玩儿的！""我觉得这节课过得太快了。""我想转到吴老师班上去。""老师，您讲得太好了，我们都能把道理搞明白。""这节课充满学问。""我想天天听您的课。""以前我不喜欢数学课，可是现在吴老师一讲，我就喜欢数学课了。""我想去北京听您的数学课！"……

　　吴老师看到那位姓龚的同学又把手举了起来，便说："你还想说什么？这个小东西，龚同学，一直在举手，你出来吧，过来，到这边来。"

　　姓龚的小男孩勇敢大方地走到讲台前面，吴老师蹲下身子问他："你一直想跟吴老师说什么？"

　　"这节课很有知识。"他大声说。

　　"哦，是吗？你哪里感到有知识的？"蹲着的吴老师继续笑眯眯地问。

　　"就是画圈这一块。"

　　"那今天你跟同学学会了'交通'吗？"

　　"学会了。"

　　吴老师欣慰地摸摸他的小脑袋："好，好孩子！"

　　……

　　吴老师饱含感情地对同学们说："谢谢！谢谢同学们！下课了，再见！"

　　这时候，一位害羞的小姑娘鼓起勇气说："吴老师，我会做梦都想着你的数学课。"话还没说完，小姑娘的眼泪就下来了。

　　吴老师走到她的身边俯身拥抱她："小姑娘，老师也会在梦中梦见你的！谢谢你喜欢我！"

短短 40 分钟的课，究竟是什么打动了这些孩子？

　　当然有吴老师的教学艺术，但更重要的是，吴老师那颗爱孩子的心。这颗爱心，充满了尊重、理解、信任、宽容，这颗爱心同时又是一颗童心。爱心和童心，让这堂数学课洋溢着浓浓的人情味！

　　我想到多年前，我在拙著《爱心与教育》中说过的几句话："一个真诚的教育者同时必定又是一位真诚的人道主义者。素质教育，首先是充满感情的教育。一个受孩子衷心爱戴的老师，一定是一位最富有人情味的人。只有童心能够唤醒爱心，只有爱心能够滋润童心。离开了情感，一切教育都无从谈起。"我是中学语文教师，但我从吴老师这堂小学数学课上，却感受到一种情感的魅力与美丽。

整堂课吴老师说的并不多，更多的时候是充满了孩子们的笑声，还有叽叽喳喳的"争吵"，而吴老师显然很喜欢这样叽叽喳喳的课堂氛围，并参与到这叽叽喳喳的"合唱"中。我油然想到苏联教育家阿莫拉什维利的一句话："谁爱儿童的叽叽喳喳声，谁就愿意从事教育工作，而谁爱儿童的叽叽喳喳声已经爱得入迷，谁就能获得自己的职业的幸福。"吴老师正是这样幸福的人。

吴正宪老师现在可以说是名满天下。她所拥有的"荣誉""头衔"数不胜数，在旁人眼中，她是"名师"，是"大师"。但可贵的是，这些称号并没有锈蚀她那颗朴素而纯净的教育心。在孩子眼中，她依然是一位博学而富有爱心的老师。当孩子们依依不舍地围着吴老师的时候，吴老师也张开她的手臂拥抱着孩子们。我又想到苏霍姆林斯基的名言："对孩子的依恋之情，这是教育修养中起决定作用的品质。"吴老师正是拥有这样的依恋之情，因而她当之无愧地具备了"教育修养中起决定作用的品质"。

不知从什么时候起，我们的教育越来越"理性""客观""冷峻"，似乎越来越有一种"唯技术"的"科学倾向"——教育实践被视为"科学的技术操作"，学校被当作"人力加工厂"，把教师当作工人，学生当作加工对象，在教学过程中甚至在教学方法上，都追求一种规范、统一、精确、共性的程序和法则。在教学内容上，丰富多彩的教学内容被"科学之刀"精确地肢解、切碎，然后往学生脑袋里源源不断地注入……在这过程中，"人"失落了！

在这种背景下，吴老师这堂数学课已经超越了数学知识的传授和数学能力的培养，它所包含的人文精神——尊重、平等、自由、宽容、信任、和谐……应该说对所有学科的教学都是有意义的。苏霍姆林斯说："教育——这首先是人学。"陶行知说："真教育是心心相印的活动。"两位教育大师不约而同把教育指向了人的心灵。

三、相聚在西湖河畔

第三次见到吴正宪老师，又是缘于北京教科院班主任杂志社。2015年暑假在杭州西湖边，难得休闲的日子，我们品茶聊天。抬头便是无边的湖水和湖面上田田的荷叶，缕缕清香飘来，我们所聊的教育也变得芬芳起来。

我对数学教育是外行，就吴老师所提的"儿童数学教育"这个概念向她请教。吴老师说："我开始当老师时只有 16 岁。当时虽然对教师这个职业并没有很深的认识，但是我对待工作非常认真。在当时只单纯追求高分的背景下，学生们虽然得到了高分，但缺乏学习的热情，对学习没有兴趣。课堂上我发现一些学生目光呆滞，语言贫乏，一点也感觉不到他们对数学学习的热爱。面对这样的情况，我经常想，学生们为什么不爱学呢？其中的症结是什么？思考过后我发现，我们的教学太缺乏儿童视角了，不管是教材编写还是课堂教学，都很少考虑怎样让儿童喜欢数学，于是我从关注儿童开始，这就是我提出的"儿童数学教育"的萌芽。"

"那我可不可以这样理解，您最初还是从儿童的角度而不是从教师的角度思考数学教育的？"我问。

吴老师不假思索地说："是的。但我不仅仅是这样想，我是个想到就干的人，我开始对教材进行改革。在马芯兰老师教育经验的影响下，我根据知识的内在联系和学生的认知规律，重新编排教材，组合成'六条龙'的小学数学知识体系，并在 1987 年通过了专家鉴定。此后，'读懂儿童，读懂数学，读懂教材'就成了我努力的方向。我在'三读懂'基础上确立了儿童数学教育的三维目标，即'传递知识，启迪智慧，完善人格'，在三维目标的基础上，又提出了明确的儿童数学教学理念，即让儿童在'好吃'中享受'有营养'的数学学习。这也是我直到今天都在追求的目标。"

我忍不住赞叹："好吃，有营养，太好啦！"

我说："不光是数学教育，其他学科的教育，包括整个教育，不都应该'好吃又有营养'吗？"

我跟吴老师说了我对"好课堂"的理解："所谓'好课堂'，就是'有趣'加'有效'。有趣，是手段；有效，是目的。如果只是有趣而无效，课堂就成了看小沈阳表演，搞笑而已。但如果课堂无趣，只追求有效，一味地灌输，这样的课学生不爱听，也很难达到真正的有效。有趣，就是能够吸引学生，让学生在课堂上兴趣盎然，心情愉悦，如沐春风，觉得时间过得很快，下课后盼着第二天再听这位老师的课。有效，就是教师完成了教学任务，而学生们有成果——无论知识的，能力的，情感的，思想的，总之有收获。"

"这里的'有趣'，就是您说的'好吃'；而'有效'，就是您说的'有营养'。"我说。

吴老师表示赞赏，说："我教小学数学，你教中学语文，但不同学科的教学都有相同之处。"

我为自己和吴老师对教育有着共同的理解而开心。吴老师的教育有着鲜明的"儿童视角"，不但因为她有一颗纯正的教育心，还因为她有一颗纯真的童心。

在淅淅沥沥的小雨中，我们一起骑自行车游西湖。风驰电掣般的狂奔中，吴老师的裙子在风中飘逸着，她爽朗的笑声传得很远很远。朋友说："简直就是十六岁的花季嘛！"

六十岁的吴老师俨然还有着十六岁花季的青春，这正是她教育生命依然蓬勃的原因。

（四川省成都市武侯区教科院　李镇西）

人生两大乐事："读书"与"教书"

约访吴正宪用了一年多时间，因为她实在太忙。

在过去一年的时间里，她深入北京边远地区学校进行调研指导，总结提升基层学校校本教研的经验；她承担着北京市教委"名师同步课堂"的备课、录课任务；还忙着到远郊区县"吴正宪小学数学教师工作站"指导工作；她时刻关注着农村教师和初登讲台的年轻教师的专业成长……但忙碌中，她始终保持着饱满的情绪、快乐积极的心态，用她自己的话说，就是在享受一名教师所特有的职业幸福。

等到坐下来采访吴正宪，见她房间的书桌上、角落里有不少书：史宁中教授的《数学思想概论——数学中的演绎推理》、郑毓信教授的《数学教育哲学的理论与实践》、马云鹏教授主编的《课程与教学论》……聊起自己的专业进步，她更多地归功于阅读与阅读后的积极实践。她激情满怀地开始每一天的教师生活，在阅读与教育实践中她总是快乐而充实。

在她的成长中我们看到：读书，让她发现了数学教学的哲理与门道，并学会用艺术的形式表达科学的内容；读书，让她静心走进儿童世界并与之心相近、情相连；读书，让她恪守理想始终如一，脚踏实地，厚积薄发，一步一个脚印地前行。

吴正宪说："对我而言，职业生涯中最幸福的两件事，一是教书，二是读书。"

"读书——让我发现数学的哲理与门道"

在学生时代，吴正宪就有"小老师"的绰号。

绰号来自吴正宪的成长经历。20 世纪 60 年代末期刚上初中的吴正宪就曾经登上讲台，为全区上过数学观摩课《二元一次方程组解应用题》。听课的一位专家断言"这孩子是做教师的料"。1970 年，16 岁的她成为一名小学老师。她至今还记得刚工作的第一天，穿着一件黄色毛衣，上面绣着"心求通而自奋也"——那是妈妈为她刺绣的格言，用以时刻激励自己"奋发向上，不用扬鞭自奋蹄"。

为了教好每一堂课，"小老师"吴正宪白天努力工作，晚上发奋读书。受家庭的影响，她从小就喜欢看书，尤其酷爱文史类和名著。她读过范文澜的《中国通史》。当时文学名著少得可怜，找到一本后，她像找到宝贝一样爱不释手。她的哥哥也爱读书，《红楼梦》《家》《春》《秋》等名著，成了他们工作之余的心爱之物。在那"读书无用论"成为主流社会风气的年代里，许多年轻人无所事事，他们却躲在家里悄悄地在书海里徘徊，享受着读书的快乐。她也喜欢古典诗词，当初亲手抄写的《唐诗三百首》，至今还珍藏在她的书柜中，为她多年的语文教学奠定了较好的基础。

1980 年 7 月，吴正宪结束了北京第一师范学校两年的培训学习，来到了崇文区锦绣街小学教书。因为教师紧缺，她既教语文又教数学，还做班主任。虽然有了近十年教语文的功底，但改教数学还是第一次。于是那个暑假，她从研读教材入手，找来 1 至 12 册教材，用了整整一个假期，把全套教材中所有的例题、思考题及有代表性的练习题全部做了一遍。她查阅大量参考资料，并根据数学知识的内在联系整理出知识网络图，写下了几十万字的学习笔记。至今 20 多本密密麻麻写满学习体会的笔记本和教学随笔还珍藏在她的书柜中。两次乔迁新居，她忍痛割爱淘汰了不少书籍，但那些发黄的笔记本一直伴随着她……

吴正宪说："记不清多少个夜晚，我在灯下认真演算数学题。遇到高难度题目，我就一张张草稿纸地演算，草稿纸摞起来比写字台还要高。"她还认认真真撰写了《教学有感》《小学数学系统整理》《值得回味的课》《趣味数学趣谈》《教海拾贝》等专业学习笔记，不断提高自己的数学专业素养。

"不学习、不研究，我就觉得底气不足，课堂上就发虚。虽然我没在高等学府系统学过教育理论，但我知道，本领不是天生的，学习的路径是多渠道的，于

附录

是我不懈地努力，抓紧一切机会学习，我拜书本为师，拜高人为师，拜哥哥为师。做教师的哥哥成了我的家庭教师，他帮我系统讲解数理化等有关知识，弥补我未读大学的知识空白。我深知专业成长的道路上无捷径，必须脚踏实地，用心读书，善于学习，不断积累，才能厚积薄发。"

凡是去过吴正宪家的老师，印象最深刻的就是她家书桌上摆满了一摞摞书籍，书柜里整齐地放着一本本书籍、学习笔记和教学光盘。

在吴正宪看来，真正让自己的数学教学独树一帜的，是阅读"哲学类"与"儿童心理学类"书籍所带来的思考与启发。

80 年代初期，针对学校题海战术、作业堆积如山、学生负担沉重的现状，吴正宪苦苦思寻对策。她走进马芯兰老师的课堂，一心想学习马老师的教学方法，也想让自己班级的学生"四年完成六年的数学教学任务，提前两年参加统考，成绩名列前茅"。她曾经在上学年就把下学年的教材刻印成讲义，提前发给学生学习，结果欲速则不达，教学效果不理想。恩师刘梦湘告诫她，学习马芯兰教学法不是表层的照葫芦画瓢，要学习她的"真经"。教学改革不是简单的提速，重新组合教材必须重视知识本身的内在联系和学生认知规律这两个基本点，并建议她多读读哲学类书籍。从那以后，吴正宪细读了《矛盾论》《实践论》等经典哲学理论书籍，一条清晰的思路开始在眼前展开。

"数学的最高境界是哲学。数学与哲学之间有着密切的关系，不可分割。其实，支撑我数学教学改革的是基本的哲学观。"吴正宪认为，数学是一门解决问题的具体科学，哲学则是系统化的世界观和方法论。哲学以数学等具体科学为基础，而哲学又为数学等具体科学的发展提供正确的指导。她说："在数学教学中善于沟通二者的联系，有利于培养学生思维的批判性，使思维更加深刻，这对学生认识世界具有十分重要的意义。"因此，她注意把哲学原理应用到数学教学中，帮助学生解开数学学习中难解的结。

例如，按照辩证唯物主义对立统一的规律，她打乱教材安排的顺序，将数学教材中一对对"易混"且"互相矛盾"的概念安排在同一节课里学习，用比较的方法、对比的手段揭示概念内涵。在数学研究的对象中，充满了矛盾的对立面。如"正比例与反比例""因数与倍数""乘法与除法""无限和有限""偶然和必然"等有关知识概念，她把这些内容组合在一起进行编排学习，引导学生用"对立统一"的观点观察分析事物的两个方面，体会数学中一对对概念的"互相依存"关系，从而更加深刻地认识数学概念的本质。苏联教育家乌申斯基说，比较是一切理解和思想的基础。我们正是通过比较来认识世界上一切东西的。比较方法在人类认识活动中起着重要的作用。

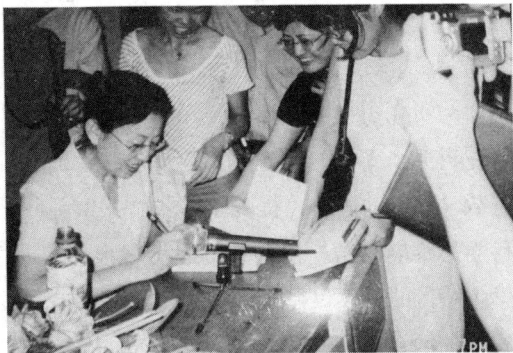

又例如，在几何教学中她遵循唯物辩证主义"变中有不变，不变中有变""透过现象看本质"的基本观点，在引导学生学习推导面积公式、体积公式的过程中，充分发挥学生学习的主动性，放手让学生操作，通过"割、补、拼、平移、旋转"等方法把陌生的图形转化为已学过的熟悉图形，再根据图形之间的内在联系推导出新图形的面积或体积计算公式。在教学中引导学生学会"在变化的图形现象中抓住面积、体积不变的实质"，感悟辩证唯物主义"透过现象看本质"的基本思维方法，从而培养学生思维的深刻性。

再例如，由于小学生的年龄小，对于解决较复杂问题往往抓不住主要矛盾，不知从何入手，吴老师在引导学生学习解决问题（应用题教学）时通过画图分析、语言提炼等直观手段，将思维过程外显化，突出主要矛盾，淡化次要矛盾，帮助学生在错综复杂情况下找到解决问题的"题眼"。学生经过观察、思考、推理、抽象，最终解决了一个个难题，常常有"柳暗花明又一村"之感。由于吴正宪在教学中艺术地处理了"主要矛盾"与"次要矛盾"的关系，所以学生在这样的学习中获得的不仅仅是一种结果，更是一种思考问题的方法和策略，一种问题解决后的成功与自信的美好感受。

80年代初期，吴正宪在北京著名特级教师刘梦湘和马芯兰老师的悉心指导下，依据数学知识本身固有的内在联系，依据逻辑辩证法，提出了"六条龙教学法"。她从改革教材入手，将小学数学知识组合成6个有联系的知识系统，并以"减轻过重负担，提高教学质量，坚持全面育人"为目标，以"辩证法"为指导，对小学数学的"教法、学法、考法"进行了全方位改革，当时被称为"小学数学归纳组合法实验"。这项数学教学改革实验在教育界产生了很大影响，1986年通过了中央教科所、北京师范大学、中国科学院儿童心理研究所及北京市教育局教

179

研室等 10 个单位的专家鉴定，并获北京首届教育教学成果奖。当年的《光明日报》《北京晚报》和北京广播电台都进行了报道。

吴正宪引导学生在数学王国中感受数学严谨的科学美、辩证的哲理美、绝妙的逻辑美、简洁的形式美、数与形结合的直观美……更重要的是，她在让学生获得数学知识的同时，提高了学生解决实际问题的能力，让学生受到辩证唯物主义科学思维的启蒙，使学生的思考之根伸向理性思维的土壤。从这个意义上来讲，学生获得的不仅仅是知识技能，更是拥有了发现和提出问题的乐趣及辩证思维的方法。的确，在数学中充满着辩证法。数学用特殊的符号语言、简明的数学公式，明确地表达出各种辩证的关系和转化。数学还是思维的体操。这种思维操练能够提高科学抽象能力、逻辑推理能力和辩证思维能力。吴正宪说：

> 我喜欢读林崇德教授的《智力发展与数学学习》，这本书成为了我当初进行"小学数学归纳组合法实验"，研究儿童数学学习的重要依据。他运用心理学的原理，以通俗易懂的语言解读着"智力发展"与"数学学习"的关系，让我受益匪浅。
>
> 我喜欢读张兴华老师的《儿童学习心理与小学数学教学》，这是张老师在多年的教学实践中用儿童心理学原理指导小学教学实践的重要经验。他深厚的学术内涵，深入浅出的阐释，具体生动的案例，使"阳春白雪"的心理学专业术语变成了"下里巴人"都能接受的大众理论。这本书为我们打开了一扇通往儿童数学学习世界的窗，引领我们走进儿童心理，探究儿童数学学习的规律。
>
> 读书让吴正宪发现数学的哲理与门道……她正是在这样的背景下开启并进行着小学数学教学的实践……

"读书——让我与孩子心相近、情相连"

90 年代初期，吴正宪应内蒙古海拉尔教育局的邀请，为当地教师上示范课。一上课，吴正宪就热情地向学生们打招呼："同学们好！"下面的学生个个端坐着，脸上没有任何表情，也没有一个学生吭气儿。她又问："哪位同学知道什么叫'相遇'吗？"（该课教学内容是"相遇问题"）还是没人回答。"不想说，你们自己就用手比一比也行。"学生依然呆呆地望着她。

面对冷场，吴正宪用儿童的话语系统拉近了与学生的距离，用心创设了学生活动的情景让学生体会什么是"相遇"、什么是"同时"等有关重要概念。学生们的情绪渐渐高涨起来，从开始的一言不发，到争着表现，争着发表自己的见解。下课了，孩子们拉着吴老师的手，久久不愿意离去……

下课后，海拉尔市教育局长高良彦说："这班孩子是全地区公认的最差班，我们就是想看看来自首都的教师面对这样的学生如何施教。"现场听课的老师们都被感动了，他们发自内心地说："看来没有教不好的学生，只有不会调动积极性的教师啊。"

小学数学专家宋淑持（原上海《小学数学教师》编辑）这样评价吴正宪："吴老师的课不仅仅是用理智在上，同时投入了她的感情，课堂上倾注了她的喜爱、兴趣、同情和幽默，学生受到了感染，产生了情感共鸣。这种情感的交流与共鸣是教学活动化平淡为神奇的催化剂，她对学生情绪的了解与调动，使干巴巴的课堂变得妙趣横生，丰富多彩。"

吴老师的课堂不止一次两次地出现"学生不愿下课"的情景，学生集体呼吁"不许下课！"还有的学生说"一辈子也不会忘记这节课"。是什么使学生如此喜爱吴老师的数学课，以至于到了"迷恋"的程度？我作为记者带着困惑与期待又一次走近吴老师，揭开了这个谜。

1986年深冬，一个风雪交加的下午，吴正宪第一次听到著名儿童心理学专家张梅玲教授的"数学学习与儿童心理学"的专题报告。她第一次听到"心理健康、心理体验、新型师生关系、人文精神"等新名词时，她被打动了！她开始反思，"教了十几年的书，我怎么就没想到孩子们的喜怒哀乐会与学习数学连在一起呢？"报告结束后，她主动向张梅玲教授提出问题请教。慢慢地与张老师有了更多的交流和往来，她向老师借书读，张老师慷慨解囊，把自己编著的《儿童数学思维的发展》和珍藏的高等师范院校教材《学与教的心理学》、钟启泉编译的《现代教学论发展》统统都给了吴正宪，她如获至宝，一头扎进了书海中……

在后来的日子里，她又认真阅读了山内光哉编著的《学习与教学心理学》、林崇德的《智力发展与数学学习》、巴班斯基的《教学教育过程最优化》、苏霍姆林斯基的《给教师的建议》等书籍，为她日后的儿童教育与教学研究奠定了重要的基础。在阅读教育心理类书籍的过程中，吴正宪渐渐明白，每一个儿童都是活生生的人，都是发展中的人。他们有情感、有个性、有独立的人格，教师对学生

181

的爱最重要的是尊重！教师要用心地读懂儿童，真诚地和他们交朋友，友善地走进他们的心灵，站在孩子的角度去思考问题，努力把自己的生命和孩子们的生命融在一起。儿童的课堂教学应该是一种师生情感交融、理智碰撞的互动过程。教师要充分发挥主导作用，关注孩子的情感体验，注重孩子个性品质的培养，保护好奇心、自信心，激发学生情感、理智、人格全面成长的主体能动性。

于是，在窗外飘雪的课堂，吴正宪不会压制学生渴望打雪仗的冲动，而是满足学生的需求，亲自带领学生享受大自然恩赐的快乐，然后再专心致志地学习……于是，面对学习有困难的学生，她不会另眼相待，而是满腔热情，为他们创造体验成功的机会，帮他们找回自信、自尊，让他们有尊严地生活在集体中……于是，面对枯燥的数学公式，她把数学与生活有机结合，满足学生天然具有的好奇心，体会数学的应用价值，引领学生爱上数学。

例如，揭示"三角形具有稳定性"时，她没有照本宣科，而是把一把快散架的椅子摆在学生们面前，让学生自己思考研究"怎样修理才能使椅子牢固"，从而自然地将"三角形稳定性"的知识派上了用场。又如学习"比和比例"知识，她带学生来到操场，指着高高的旗杆提出"旗杆有多高，你有办法测量吗？"激发起学生解决问题的兴趣。

在问题解决中，她从来不包办代替，而是充分相信学生，开发学生的潜能，满足学生的探究需求。她让学生自己设计活动方案，通过调查研究，收集数据，分析数学信息，发现数学规律，获得数学结论。如让学生自己进行"春游方案设计""购物统计调研""实地测量"等活动，让学生体验数学在生活中的重要价值，不断积累学生的活动经验，开阔学生的数学视野，提升学生的数学素养。

在吴正宪看来，儿童学习是一种探索性的试误过程，只有主动积极地参与教学过程，获得直观体验，才能正确理解并内化所学的内容。

"如果教师只是一架会传授知识的机器，那么学生就会远离你，师生之间的情感就是一片空白，课堂必然失去生命活力。"吴正宪说，"每位教师都应该学习一点儿心理学，多了解一些心理学知识，这对教学有重要的促进作用，不盲目教书，而是真心育人。"的确，她的眼里没有差生，她尊重和信任每一个学生，全身心地去关心每一个学生。在学生面前，她展示的是一个真实而鲜活的自我，满怀真情地倾听学生的心声，帮助他们消除心理上的障碍，充分尊重并理解他们。她说，"读懂儿童"是教师应该具有的重要的基本功。

2008 年，吴正宪提出了符合儿童认知需要和心理特点的"既有营养又好吃"的数学教育理念，即强调数学教师应该坚持向儿童提供符合其心理特征和能力水平的数学教育，促进儿童终身持续发展所需要的基础知识、基本技能、基本数学思想、基本数学活动经验以及科学的探究态度和解决实际问题的创新能力的全面发展。同时，教师要提供符合儿童特点和发展规律的教学手段和方式，实现"有营养"又"好吃"的双重价值追求，使儿童真心爱上数学，实现"乐学、爱学、学会、会学"的良性循环，最终落实"传授知识，启迪智慧，完善人格"的全面育人目标。《吴正宪创设儿童喜爱的数学课堂实践研究》荣获北京市政府基础教育教学成果一等奖，教育部首届课程改革成果一等奖。

吴正宪经常会收到来自全国各地的邮件，特别是边远山村地区教师的来信。一位教师在信中这样写道："今天您在我们班上课，在您的课堂里，所有的学生一个个都变得越来越活跃，越来越积极主动。一位'窝里窝囊'的学生在我的课堂上从来不敢发一次言，在您的课堂上却被激活了，您让我重新认识了我的学生，引起我的很多思考和反思……"

因为懂儿童心理，吴老师让孩子爱上了学习，激发出孩子自身的活力与潜力，让他们充分感受到数学学习的乐趣与价值。凡是上过吴老师课的学生们都不愿意下课，有的学生感叹"吴老师懂我们，上她的课，比玩儿还快乐"。北京光明小学的一位四年级的学生听了吴老师的课后表示："如果我要是当国家总理，就要把吴老师的课延长到两小时，不，n 小时！"

因为懂儿童心理，吴老师深受孩子的喜爱，她已成为孩子们一生中的一位重要朋友。每年 9 月 10 日教师节她都会接到一批又一批毕业生们的邀请，共度节日。毕业生们常常回忆起儿时与吴老师在一起学习、交流的快乐时光，这些"大孩子们"陶醉于在老师身边成长的幸福中……

因为懂儿童心理，吴正宪赢得了全国各地热爱教育工作的老师们的喜爱与信任，老师们纷纷向她求教，希望成为她的徒弟、朋友，在探索教育教学规律的路上一起前行……

用心地读懂儿童，专业地读懂教材，智慧地读懂数学，多年的阅读积累与实践探索使得吴正宪找到了创造儿童喜爱的教学教育的途径，形成了自己独特的教学观，创造了"爱的课堂，快乐的课堂，智慧的课堂，充满生命活力的课堂"。

附录

引领更多教师走上阅读之路

1994 年初秋，吴正宪结束了 25 年的小学教师生活，来到北京市崇文区教育教学研究中心，成为一名教研员。2002 年因工作需要，调入北京教育科学研究院基础教育教学研究中心任小学数学研究室主任。

作为一名研究者、服务者，吴正宪以自己对教师同行的热爱和促进教师专业发展的有效服务，在成就许许多多中青年教师职业追求的过程中，也拓展了自己的学习历程。

此时，她的阅读也上了一个新台阶。吴老师说：

> 我喜欢读张梅玲教授的《儿童数学思维的发展》，她根据儿童心理学的原理分析和阐述了儿童思维的发展规律，让我从一个新的视角来读懂儿童的思维活动。尤其是这些年来，张梅玲教授在国内外学术刊物上发表的《一项促进儿童数学思维发展的实验》等学术论文，对我影响至深，她为我研究儿童数学教育打开了一扇特别的窗。

> 我喜欢读张景中院士的《数学与哲学》，他用通俗易懂的语言解读着"数学与哲学"的关系；以"望远镜与显微镜"寓意了"模糊的哲学与精确的数学"的内涵。

> 我喜欢读周根龙教授的《数学教育哲学讲座》，使我对"数学哲学"有了新的认识。正如周教授所说，数学哲学不应仅考虑其"内在问题"，而应把数学放在人类思想和历史的大背景中来考虑。数学哲学就是在反思并解释数学的本质。

阅读教育书籍，吴正宪注重理论素养的提升，如教育学、心理学、哲学及优秀教师成长方面的书籍，同时也格外注意研读各类专家著作，如史宁中、王策三、钟启泉、周玉仁、张梅玲、叶澜、马云鹏等的书籍，她常放在写字台上，随时翻阅。阅读时，她常把自己置于书中，与作者对话，不断的思考、探究使她对数学教育本质的理解愈加深入。

与做一线教师时相比，教研员的服务平台大了许多，研究时间充裕了许多，工作内容变换了许多，压力也随之增加了许多，但是不变的就是终身学习的目标。吴正宪更加发奋地读书、学习、思考、研究。她深知不读书、不研究就没有

指导基层教师的资本；不读书、不研究就没有为基层教师服务的底气。她很清醒地认识到：此时的她又多了一份责任，不仅自己要读书，还要带动基层教师一起读书，共同营造读书的教师研修文化。

吴正宪注意了解一线教师的心理动态及其关心的教育教学问题。她订阅了各种教育教学报刊。每天晚上睡觉前，她习惯于把当天的报纸、杂志收集到一起，在台灯下一一翻阅研读。读完一张便扔到床边，不知不觉一两个小时过去了，地上堆积了厚厚的一层报纸。读到精彩的文章，她总是将之圈圈、画画、折页、贴条、批注，或者剪下来做成集，由此获得了大量的教育信息及最新观点，这样"我才能不仅脚踏实地地低头干活儿，还能抬头看路，保持头脑清醒"。

更让我们感动的是，吴正宪将多年的阅读体会与教学实践结合在一起，引领年轻教师实现专业发展。吴正宪说："作为一名教研员，首先要有资源意识，要把教师和学生作为重要的研修资源。"她倡导教师之间进行同伴研修，例如同读一本书，共同交流学习体会；同上一节数学课，共同研讨有效的数学教育。她所领导的团队建立了人人平等、民主和谐、资源互补、相互学习、共同分享的研修文化，使个体的教学经验升华为群体的专业资源，从而有效地增强了教师团队的教学专业能力。

吴正宪常说："作为研究者，探索教育教学的规律是我的历史使命；作为教研员，满足教师专业发展需求，帮助教师解决在教学实践中遇到的问题，是我的责任。"其实，不论是探索教育教学的规律，还是帮助教师解决教学中真实存在的问题，都离不开教育理论的指导，也需要对教学实践进行深入分析。而实现的途径无疑还要靠阅读。

作为教研员，吴正宪除了帮助、指导年轻教师上好课，还给予他们大量的专业指导。而她最看重的就是帮助年轻教师养成阅读与反思的习惯。她常说："在专业发展上不能偷懒，要敢于吃别人不愿吃的苦，要舍得花别人不肯花的时间，要肯下别人不愿下的功夫，要认真研读别人未曾读过的书。"每次到远郊区县上课，她总是向教师们推荐一些经典的教育书籍。在"吴正宪小学数学教师工作站"的网站上，可以看到每学期向老师们推荐的书籍。工作站也定期召开团队的"读书会"，共同畅谈读书心得体会。

2012年，吴正宪又荣获国务院全国"两基先进个人"称号。虽然吴老师获得了许多的奖项和荣誉，成为了全国著名的教育专家，但是她的身影仍常常出现在农村和偏远地区。她的办公室在基层、在学校、在课堂。她工作的大部分时间是和教师们、徒弟们交流着如何上好一堂课，如何让学生喜欢数学，如何实现教师自身的专业发展。

"吴正宪小学数学教师工作站"聚集了来自北京市 16 个区县的 72 名市区骨干教师及教研员，这些团队成员在做好本职工作的基础上主动为北京山区教育服务，形成了一个"1+10+n"教师研修机制。目前很多外省市地区也强烈要求成立"吴正宪团队工作分站"。不论总站还是分站，每期研读一本教育书籍，写一篇读后感，组织一次读书沙龙，是站里老师雷打不动的功课。东北师范大学原校长史宁中曾如此评价吴正宪，"吴老师几十年坚持在教学中注重研究，在研究中不忘教学，理论与实践相互促进。特别是近年来成立了专门的研究团队，共同反思和研究，为教师的专业发展探索了一种行之有效的新模式"。

有人问吴正宪何为职业幸福？她的回答很简单："每天和学生在一起高高兴兴地读书学习，看着他们快乐成长就是幸福；每天和同行们在一起研究交流，看到他们不断进步成熟就是幸福。"有人问吴正宪如何认定自己的职业价值？她说"我在年复一年、日复一日地付出，奉献，我也在年复一年、日复一日地收获。我收获了孩子们的那份真诚与渴望，收获了老师们的那份热情与期待，收获了社会的认可与尊重。同时，我也在探索教育教学规律的道路上，获得了自身成长过程中的成功和快乐。当个人的生命价值与教师职业的生命价值得到和谐统一时就是幸福。"

2012 年暑假，吴正宪收到了一封信，是学生陈晖的父亲写来的。陈晖的父亲在信中写道："当我今天回望陈晖成长经历的时候，很是感动。当初的陈晖是一个胆小的孩子，上课从来不敢发言，整天躲在旮旯里，在班里有他没他都一样。是您的特别关爱改变了他，如今的陈晖已然是一个阳光、充满自信的陈晖。是您给陈晖带来了幸福，能够做您的学生真是太幸运了！"2013 年，留学美国的陈晖被一家 IT 公司录取，马上就要结婚，开启幸福的新生活。听到此消息的吴正宪满脸笑容，幸福再一次在她的脸上荡漾开来……

（中国教育报　张贵勇）

后 记

　　作为"吴正宪小学数学教师工作站"的成员，我们一直有一个心愿，梳理、总结、传播吴老师多年的教学资源，使之成为帮助一线教师教学与实践的有价值的资料，促进一线教师的专业成长。我们几十位团队成员回忆、搜集、整理吴老师和自己或他人之间发生的小故事，以此呈现吴老师的教育情怀，以及自己在吴老师的指导与帮助下的专业成长。整理的过程也是我们不断学习、研究的过程，是重温吴老师教育思想和理念的过程。我们分析教学案例、交流各自的观点，伴随着思想的碰撞，大家不断汲取着营养，积累着经验，锻炼着能力，享受在这个过程中成长的快乐。

　　感谢为本书提供案例的老师们，感谢所有为本书提供支持和帮助的人们，是大家的努力与付出、智慧与辛劳，才使得这本书顺利完成。

　　真心地希望我们的研究成果能给小学数学教师带来帮助，希望吴老师的教育生涯中的小故事能给大家带来启迪和思考，祝愿所有的小学数学教师能在工作中享受到数学带给自己的幸福和快乐！由于时间仓促，能力有限，书中如有不妥之处，请提出宝贵意见。

李兰瑛　宋燕晖

后
记